W0047657

ALJOSCHA LONG | RONALD SCHWEPPE

Gelassenheit für Anfänger

DIE GU-QUALITÄTSGARANTIE

Wir möchten Ihnen mit den Informationen und Anregungen in diesem Buch das Leben erleichtern und Sie inspirieren, Neues auszuprobieren. Bei jedem unserer Produkte achten wir auf Aktualität und stellen höchste Ansprüche an Inhalt, Optik und Ausstattung.

Alle Informationen werden von unseren Autoren und unserer Fachredaktion sorgfältig ausgewählt und mehrfach geprüft. Deshalb bieten wir Ihnen eine 100 %ige Qualitätsgarantie.

Darauf können Sie sich verlassen:
Wir legen Wert darauf, dass unsere Gesundheits- und Lebenshilfebücher ganzheitlichen Rat geben. Wir garantieren, dass:
• alle Übungen und Anleitungen in der Praxis geprüft und
• unsere Autoren echte Experten mit langjähriger Erfahrung sind.

Wir möchten für Sie immer besser werden:
Sollten wir mit diesem Buch Ihre Erwartungen nicht erfüllen, lassen Sie es uns bitte wissen! Wir tauschen Ihr Buch jederzeit gegen ein gleichwertiges zum gleichen oder ähnlichen Thema um. Nehmen Sie einfach Kontakt zu unserem Leserservice auf. Die Kontaktdaten unseres Leserservice finden Sie am Ende dieses Buches.

GRÄFE UND UNZER VERLAG. *Der erste Ratgeberverlag – seit 1722.*

KGS

INHALT

DIE **GUTE** NACHRICHT

Ein Buch über Gelassenheit für Anfänger sollte man mit einer guten Nachricht anfangen, finden wir. Hier kommt sie auch schon: Das, worauf du dein Bewusstsein richtest, wird zu einem Teil von dir. Das kann dir in kurzer Zeit Glück, Zufriedenheit und Gelassenheit bescheren.

ES IST DEINE ENTSCHEIDUNG

Das hört sich gut an, oder? Und vor allem: Es funktioniert auch! Unser Denken und Fühlen sind nichts, was uns einfach so zustößt. Ganz im Gegenteil: wir können unseren Geist jederzeit aktiv gestalten. Das sagen nicht nur Weisheitslehrer und Philosophen seit vielen Generationen, sondern auch Psychologen, Therapeuten und Neurowissenschaftler, die Geist und Gehirn erforschen.

Aber wie alles im Leben ist es auch mit dem Gestalten so eine Sache – es hat eben (leider) immer auch eine andere Seite. In unserem Fall steht auf der Kehrseite: »Das, worauf du dein Bewusstsein richtest, wird ein Teil von dir. Das kann dir in kurzer Zeit Unruhe, Unzufriedenheit und Stress bescheren.« Es ist also deine Entscheidung allein, die bestimmt, wie du deinen Geist und dein Leben gestaltest. Gelassen bleiben, die Ruhe bewahren und freundlich und entspannt mit sich selbst umgehen – all das ist keine Frage des Schicksals. Und es hat auch nichts mit Zufall, Genen, deiner Blutgruppe, deinem Temperament oder dem Wetter zu tun. Zum Glück nicht! Ob du in deiner Mitte ruhen kannst oder schnell aus der Haut fährst, ist nämlich vor allem eines: deine Entscheidung. Du musst es einfach wollen. Der Rest ist dann nur noch eine Frage der Übung. Hilfe! Üben? Keine Sorge. Gelassenheit zu üben ist nicht anstrengend – das wäre ja auch Unsinn. Es geht doch genau um das Gegenteil, nämlich darum, sich wirklich zu entspannen und zur Ruhe zu kommen. Es braucht also weder eiserne Disziplin noch außergewöhnliche Willenskraft. Vielleicht ist »Üben« in diesem Zusammenhang ohnehin das falsche Wort: »Kultivieren« trifft es wohl besser.

KLEINE SCHRITTE FÜR GROSSE VERÄNDERUNGEN

Gelassenheit zu kultivieren bedeutet, regelmäßig über bestimmte Bereiche seines Lebens nachzudenken, zu reflektieren, zu meditieren und seiner leisen inneren Stimme auch mitten in den Wirrnissen des Alltags mehr und mehr Gehör zu schenken. Anstrengend ist das nicht.

Alles, was du dafür brauchst, ist die Sehnsucht nach innerer Ruhe, nach tiefer Entspannung und mehr Leichtigkeit in deinem Leben. Schließlich brauchst du dann nur noch ein wenig Geduld mit dir und für dich. Schon kleine Schritte können große Veränderungen in deinem Alltag bewirken – die Entwicklung einer unumstößlichen Gelassenheit braucht jedoch ein wenig Zeit.

Mit den Übungen und Inspirationen in diesem Buch wird es ganz einfach, mehr Gelassenheit in dein Leben einzuladen. Du kannst dabei einfach irgendein Kapitel deiner Wahl aufschlagen und deinen Weg zu mehr Entspanntheit im selben Moment aktiv beschreiten.

Bestimmt ist einer der vielen Wege zur Gelassenheit besonders leicht für dich. Jeder Mensch ist anders – und so wird auch jeder seinen eigenen Weg finden. Doch um den Weg zu finden, muss man natürlich erst einmal suchen. Wir haben dir die Suche so leicht wie nur möglich gemacht ...

Es gibt kein Patentrezept, um »auf die Schnelle« gelassener zu werden. Gelassenheit ist kein Ziel, sondern ein Weg, der immer leichter und freudvoller wird, je länger du ihn gehst.

Mache dir bewusst, dass alles
vorbeigeht, ganz egal, wie
aussichtslos es erscheint.

Gelassenheit ist deine Entscheidung!

ECHTE GEBORGENHEIT FINDEN
IN SICH SELBST

Wenn wir uns einmal umsehen, ob im Straßenverkehr, im Büro, in den Schulen oder Wohnzimmern, dann merken wir schnell: Etwas mehr Gelassenheit täte wohl jedem von uns gut. Die Kunst, in sich selbst zu ruhen, beherrschen nur wenige. Ganz ehrlich: *Wie viele Leute kennst du, die sich in sich selbst geborgen fühlen und sogar dann noch Ruhe bewahren, wenn rundherum alles zusammenbricht? Einen? Zwei? Keinen?*

Die Frage ist aber ohnehin nicht, was unsere Gesellschaft dringend bräuchte, sondern was dir guttäte. Obwohl: Das lässt sich eigentlich nicht trennen. Denn je gelassener und entspannter du bist, desto wohler werden sich auch deine Kinder, dein Partner, deine Mitmenschen fühlen.

DER INNERE UNRUHE-POOL

Falls du dich in einigen der folgenden Aussagen wiedererkennst, ist es vielleicht höchste Zeit, deinen Blick einmal von außen abzuziehen und ihn auf die Bedürfnisse deines Herzens zu lenken:

- »Mich nervt die tägliche Hektik. Ich reagiere ziemlich **schnell gereizt**.«

- »Ich möchte endlich lernen, das Gefühl der Geborgenheit, Sicherheit und **Ruhe in mir selbst** zu finden.«

- »Ich mache mir **zu viele Sorgen** und **neige zu Ängstlichkeit**.«

- »Ich bin **oft sehr, sehr unzufrieden mit mir**. Wenn ich in den Spiegel gucke, passt mir mein Aussehen nicht, auf meine Leistungen kann ich auch **nicht gerade stolz** sein und wenn ich ganz ehrlich mit mir bin, scheint mir mein ganzes Leben ganz und gar **unbefriedigend** zu sein.«

- »Ich habe das Gefühl, **immer für die anderen da sein** zu müssen. Ich finde, dass **ich dabei oft zu kurz komme**.«

- »Ich bin **oft wütend auf andere**, mich selbst oder das Weltgeschehen. Manchmal koche ich geradezu vor Wut – und **ich kann nichts tun**!«

- »Meine **To-do-Listen** nehmen einfach kein Ende. Den größten Teil des Tages verbringe ich im **Erledigungsmodus**.«

- »Ich habe oft das Gefühl, dass ich **am Wesentlichen vorbeilebe**. Ich glaube, dass mein Leben anders – schöner und leichter – sein sollte.«

Wann immer es dir gelingt, bewusst loszulassen und »den Dingen ihren Lauf zu lassen«, hast du einen wichtigen Schritt gemacht. Gelassenheit und Achtsamkeit zu kultivieren, verändert alles – deine Handlungen, deine Beziehungen und dein Lebensgefühl. Gelassen zu sein bedeutet, einen kühlen Kopf und gute Nerven zu bewahren – auch und vor allem dann, wenn's schwerfällt. Statt aus der Haut zu fahren, bleiben gelassene Menschen in ihrer Mitte, wie Felsen in der Brandung eben (nur viel lebendiger). Doch es gibt noch viele andere positive Auswirkungen.

Wer gelassen ist,

- … kann viel leichter loslassen – zum Beispiel seine **Ansprüche, Erwartungen** oder auch **schädliche Gewohnheiten**,

- … kann **andere Menschen so sein lassen**, wie sie sind, ohne sie zu beurteilen oder auch zu verurteilen,

- … nimmt sich selbst als Person nicht zu ernst und kann auch ohne Weiteres **zu seinen Schwächen stehen**,

- … ist meist auch heiter, freundlich, **selbstsicher und entspannt**,

- … kann ohne Schuldgefühle auch mal »**Nein**« sagen,

- … **befreit sich von Sorgen**, Grübelei, Ärger und hässlichen Falten.

Wer gelassen ist, dem geht es also rundum gut.

DER GEIST GANZ **KLAR,** DAS HERZ SO **LEICHT**

Gelassenheit, Offenheit, Weite, Ruhe, Heiterkeit und Klarheit sind nichts Besonderes. In einer Zeit, in der Tempo und »Effektivität« mehr als alles andere zählen, mag uns das zwar nicht so vorkommen, doch an sich ist Ruhe der natürliche Zustand unseres Geistes: Ruhe, Frieden, Klarheit und Licht. *Sorgen, Ängste, Wut und Stress können nur dann die Oberhand gewinnen, wenn wir unser Bewusstsein zu sehr auf die Erscheinungen an der Oberfläche unseres Lebens richten.*
Negative Denk- und Grübelgewohnheiten sind wie Wellen auf der Oberfläche eines tiefen Sees. Sie verursachen Unruhe, Nervosität, Wut und Ängstlichkeit. Je stärker wir uns mit den alltäglichen Problemen identifizieren, mit unseren Aufgaben und Terminen, unserem Ansehen und Aussehen, mit all den Dingen, die wir bisher noch nicht erreicht oder immer noch nicht erledigt haben, desto mehr entfernen wir uns vom Wesentlichen. Dann dauert es leider nicht mehr lange, bis wir den Kontakt zu uns selbst verlieren.

> Gelassenheit entsteht ganz von selbst, sobald wir unsere Augen für die Wirklichkeit öffnen.

Eine Studie der Fordham-Universität in New York zeigte, dass die Wahrscheinlichkeit, das Geheimnis der Gelassenheit zu entdecken, mit zunehmendem Alter steigt. Der »Gelassenheitsfaktor« ist bei Menschen jenseits der 45 Lebensjahre deutlich höher als bei Jüngeren. Doch die Sache hat noch einen Haken: Von allein, also nur durch das Älterwerden, kommt Gelassenheit dann leider doch nicht. Wenn man reifer ist, hat man natürlich etwas mehr Zeit gehabt, das Geheimnis der Gelassenheit zu entdecken; und das erhöht auch die Wahrscheinlichkeit, gelassen zu sein. Doch ohne Übung und Erfahrungen hilft das Altwerden nicht. Gelassen bist du am besten **jetzt**, nicht irgendwann in einer ungewissen Zukunft.

ZEHN WEGE ZU MEHR GELASSENHEIT – ZEHN WEGE ZU DIR

In den folgenden Kapiteln möchten wir dir zehn erprobte Wege zeigen, die dir helfen, zur Ruhe zu kommen und dich von Belastendem zu befreien. Unser Buch ist für »Anfänger der Gelassenheit« und du kannst nichts falsch machen. Der Anfänger hat es leicht. Er ist frei von Gewohnheiten und allen Möglichkeiten gegenüber offen. Das ist ein gewaltiger Vorteil.

Viele Wege führen zur Gelassenheit. Und das sind die zehn Wege, um die es in den einzelnen Kapiteln dieses Buches gehen wird:

1. Lerne zu akzeptieren, was auch immer passiert.
2. Verbinde dich mit der Kraft deines Atems.
3. Spüre deinen Körper und lerne, ihn zu entspannen.
4. Ergründe den Zauber des Lächelns.
5. Verabschiede dich von der Illusion, dass Probleme dazu da sind, gelöst zu werden.
6. Nimm dich selbst liebevoll an und sei freundlich zu dir.
7. Mache dir bewusst, dass alles vorbeigeht, ganz egal, wie aussichtslos es erscheint.
8. Lerne, »Nein« zu sagen, und konzentriere dich darauf, deine Herzensziele zu verwirklichen.
9. »Füttere den weißen Wolf«, indem du das Gute in dir nährst.
10. Entwickle deine Achtsamkeit und entdecke, wie der Kontakt zum jetzigen Moment dir Gelassenheit schenkt.

TEST: **FELDMAUS** ODER **PANDABÄR?**

Der folgende Test gibt Auskunft darüber, wie schwer oder leicht es dir bisher gefallen ist, in schwierigen Augenblicken einen klaren Kopf zu bewahren. Wohlgemerkt: »bisher«. *Erstens geht es also nur um eine Momentaufnahme und zweitens sagt der Test nichts darüber aus, wie es in Zukunft um deine Gelassenheit steht.* Interessant ist eine kleine Bestandsaufnahme aber sicher trotzdem. Beantworte die Fragen ganz spontan. Kreise eine Zahl auf der Skala von »Stimmt genau« bis »Überhaupt nicht« ein.

Stimmt genau   **Überhaupt nicht**

Wenn jemand mich ungerecht behandelt hat, kann ich ihm schnell vergeben.

1	2	3	4	5	6	7	8	9

Bei Stress bekomme ich schnell Verspannungen.

9	8	7	6	5	4	3	2	1

Andere Meinungen kann ich meist verstehen, auch wenn ich ihnen nicht zustimme.

1	2	3	4	5	6	7	8	9

Ich neige dazu, mich in Probleme hineinzuvertiefen.

9	8	7	6	5	4	3	2	1

Wenn andere mir dauernd widersprechen, ist es mein gutes Recht, mich zu ärgern.

9	8	7	6	5	4	3	2	1

Mir fällt es relativ leicht, mich zu entspannen.

1	2	3	4	5	6	7	8	9

Wenn ich kritisiert werde, fühle ich mich meist angegriffen.

| 9 | 8 | 7 | 6 | 5 | 4 | 3 | 2 | 1 |

Wenn ich andere freundlich behandle, erwarte ich, dass sie zu mir freundlich sind.

| 9 | 8 | 7 | 6 | 5 | 4 | 3 | 2 | 1 |

Ich merke es sofort, wenn ich beginne, mich zu ärgern, und steuere dagegen.

| 1 | 2 | 3 | 4 | 5 | 6 | 7 | 8 | 9 |

Wenn ich merke, dass andere über mich reden, kümmert mich das nicht weiter.

| 1 | 2 | 3 | 4 | 5 | 6 | 7 | 8 | 9 |

AUSWERTUNG

Nun, das war ja nicht so schwer, oder? Die Auswertung ist auch nicht komplizier-ter: Zähle einfach alle Zahlen zusammen. Und dann lies dir einmal durch, was wir dazu sagen.

0 – 24 PUNKTE

Wunderbar, wie gelassen du bist! Dass du hier noch weiter an deiner Gelassenheit arbeiten willst, ist prima. Du hast die besten Voraussetzungen, ein wahrer Meister der Gelassenheit zu werden.

25 – 39 PUNKTE

Bestimmt bewundern dich die meisten Menschen für deine Gelassenheit. Nur du selbst nicht – du wärst gern noch gelassener. Das ist natürlich gut. Denke nur daran, dass zur Gelassenheit auch gehört, sich nicht allzu viele Sorgen darum zu machen, nicht gelassen genug zu sein …

40 – 60 PUNKTE

Dir geht es wie den meisten Menschen: Du rastest nicht bei jeder Kleinigkeit aus, aber manchmal brodelt es doch ganz schön in dir – oder es wird dir einfach manchmal zu viel. Jedenfalls spürst du deutlich den Wunsch, gelassener zu sein. Das ist sehr gut – und bestimmt wirst du den »Trick« der Gelassenheit bald raushaben.

61 – 74 PUNKTE

Du kannst tatsächlich etwas mehr Gelassenheit brauchen. Klar – deshalb hast du dir ja auch dieses Buch vorgenommen. Bleib dran! Du wirst schon nach kurzer Zeit sehen, wie gut dir Gelassenheit in jeder Hinsicht tut. Du ruhst noch nicht in dir. Aber das wird sich ändern. Und auch wenn du das vielleicht nicht glaubst: Es gibt viele, die noch weniger gelassen sind – aber das ist ganz egal: Du wirst es schaffen, Gelassenheit zu lernen. Und da du bisher wahrscheinlich einige Probleme damit hattest, wirst du die Fortschritte umso schneller bemerken!

75 – 90 PUNKTE

Du weißt es ja auch ohne Test: Gelassenheit ist nicht gerade deine stärkste Seite. Doch erstens hast du andere Stärken – und zweitens ist Gelassenheit etwas, was du lernen kannst. Und das solltest du wirklich tun. Du regst dich viel zu schnell auf. Das tut dir nicht gut. Aber was ganz toll ist, ist, dass du es selbst weißt und dir ein Buch besorgt hast, um endlich gelassener zu werden. Die meisten Menschen, die sich schnell aufregen, ahnen gar nicht, dass sie entspannter leben könnten. Wenn du nun die Übungen auf den nächsten Seiten machst, wirst du ziemlich schnell merken, wie gut dir das tut – und dass dich deine wachsende Gelassenheit in vielerlei Hinsicht stärker macht!

WO LIEGEN MEINE SCHWIERIGKEITEN?

Du bist nicht wie alle anderen Menschen. Nicht einmal wie alle, die mit Gelassenheit Schwierigkeiten haben. Auch dazu kannst du etwas aus dem Test erfahren. Schaue einfach mal nach, bei welchen Aussagen du die höchsten Werte hast – es sind immer zwei Aussagen, die auf eine bestimmte Schwierigkeit mit Gelassenheit hindeuten. *Zähle deine Punkte bei den jeweiligen Aussagen zusammen – dann siehst du sofort, bei welchem Gelassenheitsstörer du am meisten punktest.*

Wir geben dir dann eine Empfehlung, mit welchen Kapiteln du am besten loslegst. Natürlich kannst du das Buch einfach von vorn bis hinten lesen – doch wahrscheinlich motiviert es dich noch besser, wenn es erst einmal um deine Hauptschwierigkeit geht.

Wenn du bei zwei Aspekten dieselbe Punktzahl hast, mache bloß kein Problem daraus: Dann hast du noch mehr Möglichkeiten anzufangen!

Wo du auch anfängst – es geht immer um Gelassenheit …

- Gelassenheitsstörer **Verspannung**: Testaussagen 2 + 6 = …..
  Empfehlung zum Anfangen: Kapitel 3 und 10 (Seite 28 ff. und Seite 112 ff.)

- Gelassenheitsstörer **Grübeln**: Testaussagen 1 + 4 = …..
  Empfehlung zum Anfangen: Kapitel 4 und 5 (Seite 40 ff. und Seite 52 ff.)

- Gelassenheitsstörer **Aggression**: Testaussagen 8 + 9 = …..
  Empfehlung zum Anfangen: Kapitel 1 und 2 (Seite 6 ff. und Seite 16 ff.)

- Gelassenheitsstörer **Überforderung**: Testaussagen 3 + 5 = …..
  Empfehlung zum Anfangen: Kapitel 7 und 8 (Seite 76 ff. und Seite 88 ff.)

- Gelassenheitsstörer **Selbstzweifel**: Testaussagen 7 + 10 = …..
  Empfehlung zum Anfangen: Kapitel 6 und 9 (Seite 64 ff. und Seite 100 ff.)

»Nichts ist entspannender, als das anzunehmen, was kommt.«

Dalai Lama

Was auch passiert, es ist okay

AKZEPTIEREN ODER
VERÄNDERN?

Vielleicht kennst du das bekannte »Gelassenheitsgebet«:

»Gib mir die Gelassenheit, Dinge hinzunehmen, die ich nicht ändern kann, den Mut, die Dinge zu ändern, die ich ändern kann, und die Weisheit, das eine von dem anderen zu unterscheiden.«

Das zu akzeptieren, was kommt, ist nicht dasselbe, wie aufzugeben. Die Dinge, die verhindern, dass dein Leben so schön ist, wie du es verdienst, solltest du mutig angehen und verändern – wenn du sie verändern kannst. Natürlich geht das nicht immer. Doch wenn du gelassener wirst, kannst du deutlich mehr verändern, als wenn du von deinen Emotionen hin und her geschleudert wirst wie ein kleines Segelboot im Sturm, denn Gelassenheit macht dich stärker.

Alles, was geschieht, ist in dem Moment, in dem du es erkennst, schon längst passiert. Daran kannst du nichts ändern. Das ist also die Weisheit, die du brauchst: *Was geschehen ist, ist geschehen. Nimm es erst einmal an. Das öffnet deine Augen und gibt dir die Kraft zur Veränderung.*

ES IST, WIE ES IST

Es ist unglaublich befreiend, die Dinge erst einmal zu akzeptieren, so wie sie sind. Ob es sich dabei nun um Kleinigkeiten oder Katastrophen handelt.

Du hast den Zug verpasst? Das ist so. Kein Jammern, kein Wutanfall, keine Tränen können das ändern. Der Zug ist weg. Nimm es an. Zwar dreht das die Zeit nicht zurück und der Zug ist immer noch weg – doch durch das Annehmen ist etwas anderes da: die innere Ruhe, deine innere Ruhe. Und die hilft dir erstens, dich nicht so schlecht zu fühlen, und zweitens, ganz ruhig darüber nachzudenken, wie du jetzt an dein Ziel kommst.

Du hast aus Versehen deinen Ehering mit dem Diamanten beim Schwimmen verloren? Verständlich, wenn du ausflippst. Aber auch schade, denn zum Verlust des Rings kommt jetzt noch der Verlust deines inneren Friedens. Nimm es an, wie es ist. Der Ring ist weg – aber das, für was er steht, ist noch da. Und das ist doch viel wichtiger. Der Ring hat eine tiefe Bedeutung für dich und um diese Bedeutung geht es, nicht um den Gegenstand. Der Ring ist nur eine Erinnerungshilfe.

Wenn du gelassen bleibst, ist es einfach ein Missgeschick. Vielleicht hast du sogar Vorteile davon – und bist ein wenig achtsamer, damit dir nicht auch noch das Handy ins Wasser fällt. Oder es ist sogar Anlass, über die Bedeutung deiner Beziehung nachzudenken – wer weiß. *Gelassenheit gibt dir jedenfalls immer die Kraft, die Dinge klarer zu sehen.*

DIE VIELFALT DER EIGENEN GEFÜHLE BERÜHREN

Ein lieber Mensch ist gestorben. Das ist sehr traurig. Und es wäre seltsam, wenn du nicht trauern und weinen würdest. Doch Verzweiflung, Todessehnsucht und Schuldgefühle ändern nichts. Nimm es an. Trauere um den lieben Menschen, doch bleibe im inneren Frieden. Damit gedenkst du dieser Person besser, als wenn du dich in deiner Trauer verlierst und gar nicht wirklich an sie denken kannst. Durch Gelassenheit berührst du die Vielfalt deiner wahren Gefühle, anstatt dich von einzelnen überwältigen zu lassen.

Was du annimmst, verliert ganz schnell seinen größten Schrecken. Es befreit deinen Geist und gibt dir die Kraft zur Veränderung, die dir immer dann fehlt, wenn du sie mit Widerstand verpulverst.

DU HAST NICHT NUR
EINEN WUNSCH

Du kennst das bestimmt: Du willst etwas und willst es doch wieder nicht. Wie um Himmels willen kann das denn sein?

Du hast vielleicht Lust auf eine Zigarette, aber du willst »eigentlich« gar nicht rauchen. Du weißt, dass das nicht gesund ist, dass es nicht gut riecht und auch noch sehr viel Geld kostet. Andererseits …: »Ach zum Teufel mit diesen Gedanken, jetzt rauch ich einfach eine.«

Ist da ein »innerer Schweinehund«, der dir böse und schädliche Dinge einflüstert, der dich verführen will, Dummes zu tun? Diese Gedanken kommen schon mal auf – und sie stressen. Dann wirst du vielleicht versuchen, diesen »inneren Schweinehund« zu bekämpfen. Der Ausgang dieses Kampfes ist offen. *Vielleicht wünschst du, du hättest mehr Willenskraft, aber Wünschen hilft ja bekanntlich leider nicht immer.* Den Kampf mit dir selbst kannst du nur verlieren – ein Teil von dir wird immer den Kürzeren ziehen.

DER INNERE ENTSPANNUNGSHELFER

Das Geheimnis ist, dass es gar keinen »inneren Schweinehund« gibt! Den meisten Menschen ist nicht klar, dass sie nicht nur ein einziges Motiv haben, sondern viele. In dir ist ein »inneres Team«, bei dem jeder unterschiedliche Aufgaben und Motive hat. Der »innere Schweinehund« ist vielleicht in Wahrheit der Teil von dir, der für Entspannung und Beruhigung sorgen will, der »innere Ruhesucher«, der »Entspannungshelfer«. Warum ist das ein Unterschied, ob du einen »inneren Schweinehund« in dir vermutest oder einen »Entspannungshelfer«? Sprich es einfach mal aus – du sprichst ja mit dir! Das eine Mal sprichst du über einen Feind, den du besiegen willst, das andere Mal mit einem Teil von dir, der etwas Gutes für dich vorhat, aber noch keine besonders gute Methode dafür gefunden hat. *Kannst du den Unterschied spüren? Was hilft dir, gelassener mit dem Problem umzugehen?*

DIE GUTE ABSICHT ZÄHLT

Alles, was du tust, kommt daher, dass es einem Teil von dir als das zurzeit Bestmögliche erscheint. Du kannst gar nichts Schlechtes für dich wollen – du hast eben ganz unterschiedliche Motive, die dich in unterschiedliche Richtungen ziehen. Je verständnisvoller du mit allen deinen »inneren Persönlichkeiten« umgehst, desto entspannter und gelassener kannst du mit dir selbst umgehen – und desto eher wirst du eine Lösung finden können. Diese Lösung besteht darin, dass du einen neuen Weg findest, der auch die gute Absicht des Teiles von dir berücksichtigt, den du bisher als »inneren Schweinehund« beschimpft hast.

»Am Ziel deiner Wünsche wirst du jedenfalls eines vermissen: dein Wandern zum Ziel.«

Marie von Ebner-Eschenbach

Alles, was du tust, hat eine gute Absicht. Nur der Weg, diese Absicht zu verwirklichen, ist manchmal nicht der beste. Der »kleine Mann im Ohr«, der dich dazu verführt, Dinge zu tun, die dir nicht gut scheinen, oder der dir Sorgen, Ärger oder Kummer einflüstert: *Das bist alles du selbst!* Es ist kein »innerer Schweinehund«, kein boshaftes, gemeines Alter Ego – nur unterschiedliche Motive, die jedes für sich ihre Berechtigung haben. Und alles, was du da hörst, sind Versuche, etwas Gutes für dich zu tun. Manchmal sind die Versuche allerdings geradezu absurd fehlgeleitet – doch indem du verstehst, dass immer eine gute Absicht dahintersteht, wird es viel leichter, dann einen Weg zu finden, der viel besser funktioniert. Und du kannst die ganze Zeit ganz gelassen bleiben!

MEHR **LUFT** FÜR **ENTSPANNTE** REAKTIONEN

Wenn du keine Luft bekommst, gerätst du in Panik. Dein Organismus hat ein dringendes Bedürfnis, das unbedingt erfüllt werden muss – der Verstand ist dabei ausgeschaltet, du wirst von deinen angstvollen Gefühlen gesteuert. Dasselbe passiert, wenn du dir selbst nicht genug Luft gibst. Das geschieht immer dann, wenn du automatisch reagierst – panisch, ohne eingreifen zu können. Du bist dem weiteren Ablauf ausgeliefert. *Gelassenheit und Atem haben viel miteinander zu tun. Du kannst deinen Atem verwenden, um der Gelassenheit näher zu kommen.*

Dein Leben wird nicht in Atemzügen gemessen, sondern in Momenten, die dir den Atem nehmen. Lasse dir daher nur von Schönem den Atem rauben.

Aber gerade in stressigen Situationen ist keine Zeit, um an den Atem zu denken – das ist ja eben die panische Reaktion! *Das Geheimnis liegt darin zu wissen, dass es immer einen kleinen Raum gibt, in dem du noch steuern kannst: in Richtung des Hafens der Gelassenheit oder in den wilden Sturm der Emotionen hinein.* Dieser kleine Zeitraum ist die natürliche Pause zwischen der Wahrnehmung und der Verarbeitung des Wahrgenommenen. In dieser Zeit kannst du, wenn du das Bewusstsein für diesen Moment übst, dich dazu entscheiden, auf eine kurze Ersatzhandlung zur üblichen Reaktion zu springen. Etwa indem du die Angst oder Wut auf einen kurzen Umweg schickst: »Ja, ich darf panisch oder wütend reagieren – aber erst nach dem tiefen Atemzug.« *Wenn du tief ausatmest, werden die negativen Gefühle schwächer. Ein Ausatmen von Stress ist ein Einatmen von Gelassenheit.*

NICHT KÄMPFEN MÜSSEN

Das Geheimnis besteht darin, nicht gegen sich selbst zu kämpfen. Du gestehst dir jede Reaktion zu, doch nutzt du die kurze Pause vor der automatischen Reaktion durch ein paar tiefe Atemzüge. So kommt kein Widerstand in deinem Unterbewusstsein auf. Ja, du darfst schreien, toben, ausflippen, weinen …, aber die Frage ist, ob du das nach dem tiefen Durchatmen überhaupt noch willst! Wenn du die Befreiung und Gelassenheit in dir erkennst, selbst wenn sie sich nur vage am Horizont abzeichnen, fühlt sich das großartig an. *Dieser Gewinn an Freiheit erweitert deine Möglichkeiten. Du fühlst dich (und bist!) stärker.* Und dann kannst du deinen Gefühlen immer noch Ausdruck verleihen, jedoch gelassener.

NEGATIVE GEFÜHLE WEGATMEN

Wenn du es üben willst, mit einem tiefen Atemzug zu reagieren, bevor automatische Gefühlsausbrüche stattfinden, kannst du das in der Fantasie tun.

- Stelle dir eine dramatische Situation vor, in der die Pferde mit dir durchgehen – und übe es, einfach ganz tiiiieeef durchzuatmen und die Kraft der Gelassenheit zu spüren.

- Wenn du das in deiner Vorstellung eingeübt hast, wirst du sehen, dass es auch dann funktionieren wird, wenn es ernst wird!

ANDERE **ANDERS** SEIN LASSEN

Manchmal ist es schwer, jemanden ausreden zu lassen. Wenn dein Gegenüber Dinge sagt, die deinen Ansichten oder Werten völlig widersprechen, kannst du beobachten, wie es in deinem Kopf rundgeht und du unruhig wirst. Die Spannung zwischen dem, »was ist«, und dem »was sein sollte«, wird als unangenehm empfunden – und vielleicht fühlst du dich gedrängt, deine Meinung dagegenzustellen, und sei es auch nur in einem vorgestellten Streitgespräch.

Das ist ganz normal. Du hörst oder siehst etwas, das nicht in Harmonie mit deinem Weltbild ist – und du versuchst sogleich, diese unangenehme Spannung aufzulösen. Nur funktioniert das nie. Indem du deine Meinung sagst, sagst du deine Meinung. Dass jemand dann wirklich seine Sicht auf die Welt verändert, ist sehr selten. Nicht einmal, wenn du dir selbst streng ins Gewissen redest, hilft das.

WAS SEIN DARF UND WAS NICHT

Es gibt eine Menge Dinge, die sind, aber »nicht sein dürfen«: einige Mitmenschen, manchmal der Beruf, immer das Wetter, Politiker sowieso, Preise natürlich, die Umwelt, die eigene Figur, das eigene Aussehen, die eigenen (Un-)Fähigkeiten …
Aber woher rührt der Stress, der dich zum Widersprechen, zum Kritisieren, zum Deine-Meinung-Sagen anstachelt? Und zwar in einer Art und Weise, die nicht bewirkt, was du eigentlich willst, die dich aber unruhig und unzufrieden sein lässt. Er wird durch das Urteilen oder Verurteilen erzeugt. *Indem du sofort Dinge bewertest, bringst du dich aus dem Gleichgewicht und überdies um die Chance, die Welt, wie sie ist, zu verstehen.*
Vielleicht denkst du, dass dieses Nichtverurteilen heißt, »Ja und Amen« zu allem zu sagen und ansonsten die Klappe zu halten. Darum geht es natürlich keinesfalls. Du kannst weiterhin offen sagen, was du denkst, was du fühlst, was du zu wissen glaubst, was dir dazu einfällt, welche Verbesserungsideen du hast – erst wenn du anfängst zu verurteilen, wird dich das wirklich aus dem Gleichgewicht bringen. Wenn du keine Urteile fällst, zumindest nicht innerhalb weniger Augenblicke –

dann entscheidest du selbst, was du sagen willst. Und das fühlt sich gut an, die Kontrolle zu haben, ohne sich wirklich kontrollieren zu müssen.

- Jemand sagt etwas, das unglaublich dumm ist. Macht eine Bemerkung, die seine Dummheit verurteilt, ihn klüger oder die Welt besser oder **fühlst du dich dabei wenigstens gelassener?**

- Die Steuern sind höher ausgefallen, als du dachtest. Gibt es auch nur die geringste Chance, dass die Steuer durch das Schimpfen auf die Gesetze oder den Steuerbeamten geringer ausfällt – oder **macht dich das nur unzufriedener?**

- Du siehst dich im Spiegel und findest etwas an dir nicht schön. Ändert sich das, indem du dich auf diesen angeblichen Makel konzentrierst und **deinen Geist damit belastest?**

Es ist meist ziemlich unnötig, seine Meinung kundzutun. Meist ist es sogar unnötig, eine Meinung, zumindest eine feste oder endgültige, zu haben. Denn in der Regel dient sie nur dazu, dich aus der Ruhe zu bringen. In Ruhe, ohne Aufregung zu handeln ist hingegen etwas, das dir tatsächlich weiterhilft. *Wenn du Leuten deine Meinung sagst: Wen willst du überzeugen? Vielleicht nur dich selbst ...*

> Du gewinnst an Gelassenheit und Stärke, wenn du selbst entscheidest, ob du reagierst. Die Dinge und Menschen nicht sofort zu beurteilen gibt dir die Freiheit, sie zu verstehen.

DAS **STAUNEN** ENTDECKEN

Während du über etwas staunst, bleibt im Kopf kein Platz für Aufregung, Wut, Angst, Unruhe und den ganzen Quatsch, der uns daran hindert, glücklich und unbeschwert zu leben. In dem Moment, wo du mit offenen Augen auf das Erstaunliche siehst, weitet sich dein Herz und füllt sich mit freudigen Gefühlen.

»Schön ist eigentlich alles, was man mit Liebe betrachtet. Je mehr jemand die Welt liebt, desto schöner wird er sie finden.«

Christian Morgenstern

Vielleicht kennst du das von (deinen) Kindern: Wenn ein Zauberer einen Trick vorführt oder sie etwas sehen, was sie fasziniert, werden sie ganz still und ruhig. Als Erwachsene vergessen wir oft die Fähigkeit zu staunen. *Doch auch wir waren ja einmal Kinder und unser Staunen haben wir nur vergessen – wir können uns wieder daran erinnern und müssen es gar nicht neu erlernen.*

EIN EINFACHER »TRICK«

Das Staunen über die vielen Wunder der Welt lässt einem keinen Platz für Unruhe. Mit einem einfachen »Trick« kann es dir gelingen, deine Augen wieder mit kindlichem Staunen zu füllen und auf diese Weise den geschwätzigen Geist für eine Weile angenehm sprachlos zu machen. Wenn du das Wunderbare durch sie erkennst, wirst du auch das Staunen entdecken.

GENAU HINSEHEN

Wie alle Menschen siehst auch du bestimmt nicht immer in jeder Situation sehr genau hin. Nicht einmal auf die Seite des Buches, die du gerade vor Augen hast.

- Siehst du, welche Struktur das Papier hat?

- Oder wie die Buchstaben genau aussehen?

- Ihre Größe und Typografie?

- Oder denn Fehler in diesem Satz? Selbst bei Dingen, die wir regelmäßig ansehen, sehen wir doch nur einen kleinen Teil.

- Bei Menschen schauen wir normalerweise vor allem auf Augen und Mund. Doch sieh einmal genauer hin: Jedes Auge ist so einmalig wie ein Fingerabdruck! Ist das nicht erstaunlich?

- Oder schaue dir die Wolken an, die wie gigantische Gemälde am Himmel vorüberziehen – was für Formen kannst du da entdecken? Ja, sicher – das ist wie ein Kinderspiel. Doch genau darauf kommt es an: Sieh mit staunenden Augen hin und spüre, wie dein Geist schon allein dadurch zur Ruhe kommt.

»Beim Einatmen schenke ich meinem Körper Ruhe. Beim Ausatmen lächle ich.«

Thich Nhat Hanh

Die Ruhe
im Atem
entdecken

DER ATEM **KOMMT,**
DER ATEM **GEHT ...**

Wie können wir gelassener werden? Beispielsweise indem wir ab sofort lernen, mehr Zeit für das Wesentliche einzuplanen, uns nicht länger über jeden Unsinn zu ärgern, oder anfangen, freundlicher mit uns umzugehen. All das sind wichtige Schritte auf dem Weg zum Ziel. Doch es gibt auch noch eine ganz nahe liegende Möglichkeit: Wir können unseren Atem nutzen, um mehr bei uns selbst anzukommen und innere Ruhe zu entwickeln.

> Stille und Heiterkeit sind nie weit weg von dir.
> Sie sind schon hier, ganz nah bei dir – jetzt, in
> diesem einen Atemzug.

In vielen Übungswegen spielt der Atem eine zentrale Rolle – etwa in der Meditation, der Atemtherapie, im Yoga oder Qi Gong. Dennoch sind die meisten von uns sich der Macht des Atems nicht bewusst. Dabei verdanken wir ihm vieles. Zum Beispiel, dass wir leben. Der Atem versorgt uns mit Sauerstoff, er schenkt unseren Zellen ständig frische Energie und sorgt dafür, dass wir unser Gehirn gebrauchen, uns konzentrieren, aber auch lieben, träumen und lachen können.

Was hat Atmen mit Gelassenheit zu tun?

Die Art, wie du atmest, beeinflusst deine Gesundheit, deine Vitalität, dein Lebensgefühl und natürlich auch deinen Stresspegel. Bestimmt weißt du, wie es sich anfühlt, außer Atem zu sein oder wenn dir vor Schreck die Luft wegbleibt.

Wenn du dich gehetzt fühlst, nervös bist oder Angst hast, wird dein Atem schnell und oberflächlich. Gelingt es dir hingegen, die Nerven zu bewahren und in dir zu ruhen, so wirst du langsam, gleichmäßig und tief atmen. Und die gute Nachricht ist, dass das Ganze auch umgekehrt funktioniert. Schon seit jeher nutzen spirituelle Meister, Yogis und Zen-Mönche daher die Kraft des Atems, um Körper und Seele zu harmonisieren und inneren Frieden zu entwickeln.

Auch wenn es dir gar nicht um so erhabene Zustände wie inneren Frieden oder gar Erleuchtung gehen mag, so kannst du deinen Atem trotzdem jederzeit nutzen – sei es, um dich zu entspannen, Schmerzen zu lindern und Stress abzubauen, oder sei es, um belastende Emotionen bewusst »wegzuatmen«.

HEILMITTEL GEGEN STRESS

Dein Atem kann zu einer wirkungsvollen Medizin gegen Stress werden, einer Medizin, die du immer und überall dabeihast. Grundsätzlich kannst du dabei zwischen zwei »Anwendungsmöglichkeiten« wählen:

- Im Gegensatz zu den meisten Körperfunktionen kannst du deinen Atem lenken: Du kannst schneller oder langsamer, tief oder flach atmen. Ebenso kannst du das Ausatmen verlängern – wenn du dich gestresst fühlst, dann ist das eine sehr gute Idee.

- Du kannst deinen Atem auch nur achtsam beobachten. Allein die Wahrnehmung des Atems bewirkt, dass du dich tief entspannst. Zugleich wirst du dich mehr und mehr mit der wirklichen Welt verbunden fühlen, statt dich in die in deinem Kopf zu verlieren.

TIEF **DURCHATMEN**

»Schalte doch mal einen Gang runter!« Das ist leicht gesagt. Aber was können wir schon machen, wenn wir erkennen müssen, dass wir die Arbeit unmöglich bis zum vereinbarten Termin bewältigen können? Oder wenn der Drängler im Rückspiegel kleben bleibt, obwohl wir schon mit 180 Sachen auf der Autobahn fahren? Wenn du dich genau beobachtest, wirst du bemerken, dass dein Atem bei Stress flach und schnell wird. Vielleicht fängst du sogar an, nach Luft zu schnappen. Aber du kannst den Spieß auch umdrehen: *Solange du tief und langsam atmest, ist es nämlich fast unmöglich, die Nerven zu verlieren.* Erfahrene Meditierende kommen mit vier bis fünf Atemzügen pro Minute aus, während die meisten Menschen in der gleichen Zeit mehr als doppelt so oft atmen. Durch tiefes, entspanntes – und das heißt vor allem langsames – Atmen lösen sich Muskelverspannungen, der Herzschlag wird harmonischer und schließlich kommt auch dein Geist zur Ruhe.

ATME DICH FREI

Wann immer es stressig wird, du nervös bist oder in Rage gerätst, kannst du versuchen, Spannungen zu lösen, indem du einige Male bewusst tief atmest:

- Atme zunächst tief durch die Nase aus und dann ganz langsam wieder ein. Versuche einatmend, alle »Lufttanks« von unten nach oben zu füllen – erst den Bauch (dabei sollte sich die Bauchdecke nach außen wölben), dann die Flanken (die Rippen weiten sich) und am Schluss die Brust (dabei sollte sich der Brustkorb ausdehnen).

- Atme erst wieder aus, wenn kein bisschen Luft mehr in deiner Lunge Platz hat. Anschließend atmest du wieder langsam und tief ein. Lasse die große »Atemwelle« dreimal durch deinen Körper fließen und beobachte, wie das deine Stimmung verändert.

DER DAMPFLOK-TRICK

Um spontan Dampf abzulassen und akuten Stress abzubauen, gibt es einen weiteren einfachen Trick: Betone das Ausatmen, indem du jedes Mal etwas länger aus- als wieder einatmest.

- Schritt 1: Wenn du bemerkst, dass du angespannt bist, dann gestehe dir das ein und mache dir zunächst bewusst: »Ich bin gestresst – das ist okay.«

- Schritt 2: Atme tief durch den Mund aus. Atme dann durch die Nase ein und zähle dabei langsam bis vier. Halte den Atem anschließend kurz an.

- Schritt 3: Atme langsam durch den Mund aus und zähle dabei bis acht. Am einfachsten ist das, wenn du die Lippen als Atembremse benutzt und ein lang gezogenes, fast unhörbares »fff« ertönen lässt. Wiederhole das Ganze mindestens dreimal.

JEDEN TAG **UND** ZWISCHENDURCH

Dein Atem begleitet dich in jedem Augenblick deines Lebens. Er ist direkter Ausdruck deiner Lebendigkeit. *Er kommt und geht in ständigem Wechsel, wie Ebbe und Flut kommen und gehen.* Es gibt windstille Tage, an denen du ihn meist gar nicht bemerken wirst, aber auch Stürme, zum Beispiel wenn du einen Wutanfall bekommst oder jemanden anschreist.

> ## Dein Atem führt dich zur Gelassenheit, wenn du ihm nur folgst.

Dein Atem kann dir viel über dich verraten. Chronischer Stress führt beispielsweise dazu, dass die Atmung flach wird – dann wird dein Gehirn nur noch ungenügend mit Sauerstoff versorgt, wodurch die Stimmung noch tiefer in den Keller sinkt. Auf der anderen Seite wirst du bemerken, dass du in glücklichen, unbeschwerten Momenten frei und leicht durchatmest.

Je mehr du an Situationen, Menschen oder Emotionen festhältst, desto angespannter und unruhiger wirst du werden. Umgekehrt wirst du umso gelassener, je freier du bist – frei von Ängsten, Hemmungen, unbelastet von Perfektions- oder Kontrollzwang. Eine äußerst effektive Möglichkeit, sich von allen möglichen Belastungen zu befreien, besteht darin, dass du lernst, »deinen Atem Atem sein zu lassen«. Dazu auf der nächsten Seite ein paar Anregungen:

KLEINE VERSCHNAUFPAUSE

Lasse deinen Atem frei strömen. Gib ihm die Chance, dein inneres Gleichgewicht wiederherzustellen, und dir die Chance, wieder zu Atem zu kommen.

- Wenn du lachen willst, dann lache. Wenn du weinen musst, dann weine. Dein Atem verfügt über eine ganze Palette an »Methoden«, um Druck abzubauen und zu entspannen: Lachen, Weinen, Gähnen, Seufzen, Stöhnen – unterdrücke diese natürlichen Impulse deines Körpers nicht, sondern koste sie voll und ganz aus.

- Spüre deinen Atem gleich nach dem Aufwachen: Während du noch im warmen Bett liegst, solltest du dir zwei bis drei Minuten Zeit nehmen, um deiner Atembewegung achtsam zu folgen. Lege dazu die Hände flach auf den Bauch und beobachte, wie sich deine Bauchdecke bei jedem Einatmen leicht dehnt und beim Ausatmen wieder langsam senkt. Verändere dabei deinen Atem nicht – beobachte ihn nur aufmerksam.

- Atme mehrmals hintereinander schnuppernd ein, um deinen Geruchssinn zu aktivieren. Schaue dich um, ob es etwas gibt, das du nicht nur mit den Augen, sondern auch mit der Nase wahrnehmen kannst – rieche an einer Orange, einem Apfelstück, getrockneten Kräutern, einer Gesichtscreme, deiner Haut, einem Baumstamm, einem Veilchen, einer Bienenwachskerze …

STRESS IN LUFT AUFLÖSEN

Du hast nun einige Möglichkeiten kennengelernt, deinen Atem auf sanfte, bestimmte Weise zu lenken. Doch dies ist nur ein Weg, um mit dem Atem zu arbeiten. Der andere Weg führt über das »Nichttun«. Denn es ist tatsächlich so: Wenn du deinen Atem vollkommen in Ruhe lässt, wird er dich anschließend ganz von selbst in deine Mitte zurücktragen. Das Einzige, was du dabei »tust«, ist, aufrecht zu sitzen und deinen Atem achtsam zu beobachten.

Den Atem beobachten

Die bewusste Wahrnehmung des eigenen Atems ist die wohl effektivste Achtsamkeitsübung und steht im Zentrum von MBSR (»Mindfulness-Based Stress Reduction« oder »Stressbewältigung durch Achtsamkeit«), einer Methode, die in wenigen Wochen nachweislich zu mehr Ruhe und einer besseren Resilienz (psychischen Widerstandskraft) führt.
Doch warum ist die Beobachtung des Atems so wirkungsvoll? Ganz einfach:

- Wenn du etwas Sand in einem Glas Wasser verrührst und möchtest, dass aus der trüben Brühe wieder klares Wasser wird, brauchst du das Glas einfach nur ruhig hinzustellen. Der Sand setzt sich von selbst ab und das Wasser wird wieder rein. Beim achtsamen Atmen ist es genauso: Tue nichts. Bleibe einfach nur ruhig sitzen und erlebe, wie dein Atem und dein Denken **von selbst immer ruhiger werden.**

- Durch achtsames Atmen **trainierst du deinen Geist,** sich zu sammeln, statt sich in Problemen, Tagträumen oder auch inneren Selbstgesprächen zu zerstreuen. Die Übung auf der nächsten Seite **verbindet dich mit dem jetzigen Augenblick** und lenkt deine Aufmerksamkeit voll und ganz auf deinen Körper, sodass negative Gedanken und Gefühle weniger Macht über dich haben werden.

ZU ATEM KOMMEN

Diese Übung solltest du über längere Zeit möglichst täglich durchführen, wobei schon zehn Minuten genügen. Die Gelassenheit, die du dadurch erlangst, wird mit der Zeit immer stärker werden.

- Setze dich aufrecht und entspannt an einen ruhigen Ort und schließe die Augen. Entspanne zunächst deinen ganzen Körper. Atme dann dreimal tief durch.

- Lasse deinen Atem einfach kommen und gehen. Atme dabei durch die Nase. Es ist egal, ob du schnell oder ruhig atmest; ändere nichts – schaue nur zu. Lenke deine Achtsamkeit dabei auf deine Nasenflügel. Versuche, den Atemstrom beim Ein- und Ausatmen zu spüren. Es ist hilfreich, beim Einatmen langsam innerlich »ein – ein – ein« und beim Ausatmen »aus – aus – aus« zu wiederholen.

- Wenn du bemerkst, dass deine Gedanken auf Wanderschaft gehen (und das werden sie!), oder falls du Geräusche hörst oder deinen Körper spürst, so nimm diese Reize achtsam wahr. Kehre dann aber wieder sanft zur Beobachtung des Atems zurück.

- Bleibe geduldig. Erwarte nichts. Reite auf den Wellen deines Atems und genieße die Ruhe und die Klarheit, die dabei entstehen können. Atme am Ende dreimal tief ein und aus, bevor du die Augen wieder öffnest. Nimm die Ruhe der Übung mit in deinen Alltag.

DIE ATEM**MEDITATION**

Wenn es dir schwerfällt, einfach nur zu sitzen und zu atmen, ist die folgende Übung eine gute Alternative. Sie eignet sich eher für den Dauergebrauch und nicht so sehr für den Notfall. Im Gegensatz zur Atembeobachtung hilfst du bei der folgenden Atemmeditation sozusagen ein wenig nach, um Körper, Gefühle und Gedanken zu besänftigen. *Während die reine Atembeobachtung alles zulässt und einfach nur wahrnimmt, was im Augenblick passiert, lädt dich die folgende Meditation dazu ein, dich auf die Kraft der Ruhe zu konzentrieren.*

Buddha sagte einmal, dass die folgende Übung, sofern du sie über längere Zeit regelmäßig praktizierst, nicht nur zu mehr innerer Ruhe, Gleichmut und Sammlung führt, sondern auch die Achtsamkeit verbessert, den Willen stärkt und die Lebensfreude erhöht. Ebenso wie unser Atmen unserem Körper dabei hilft, Giftstoffe auszuscheiden, können wir den Atem also dazu nutzen, um uns von »seelischen Giften« wie Wut, Ängsten oder Sorgen zu befreien.

> Den Atem zur Ruhe bringen heißt
> den Geist zur Ruhe bringen.

Beide Methoden – die auf den vorigen Seiten beschriebene und diese hier – sind hervorragende »Gelassenheitsübungen« und beide haben ihre Stärken. Das achtsame Beobachten des Atems hilft dir besser, auftretende Störungen deiner Gelassenheit zu erkennen. Wenn du dich aber lieber aktiv auf Qualitäten wie Ruhe und Klarheit konzentrierst, erfährst du schneller tiefen Frieden.

ATMEN UND ZUR RUHE KOMMEN

Wähle bewusst nur eine von beiden Übungen aus – entweder das einfache »zu Atem kommen« von Seite 37 oder aber die folgende Übung – und bleibe mindestens zwei Wochen dabei, bevor du wechselst.

- Setze dich bequem und aufrecht hin, schließe die Augen und entspanne dich, so gut es dir im Moment möglich ist. Lenke deine Aufmerksamkeit bewusst auf deine Atembewegung. Lasse den Atem einige Male kommen und gehen. Wiederhole nun folgende Sätze jeweils mehrmals in deinem Atemrhythmus:

- »Einatmend bin ich mir bewusst, dass ich einatme – ausatmend bin ich mir bewusst, dass ich ausatme ...«

- »Einatmend nehme ich meinen ganzen Körper wahr – ausatmend nehme ich meinen ganzen Körper wahr ...«

- »Einatmend bin ich mir meiner Gedanken und Gefühle bewusst – ausatmend bin ich mir meiner Gedanken und Gefühle bewusst ...«

- »Einatmend lasse ich Gedanken und Gefühle zur Ruhe kommen – ausatmend lasse ich Gedanken und Gefühle zur Ruhe kommen ...«

- Beende die Übung, indem du dreimal tief durchatmest und anschließend die Augen wieder öffnest.

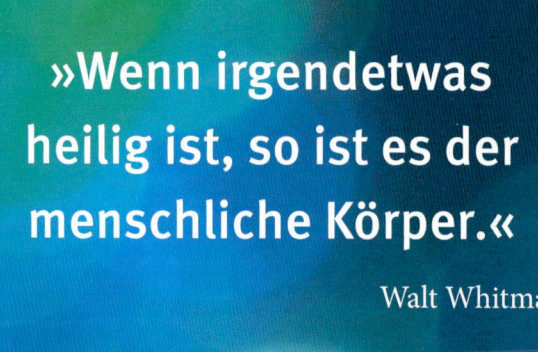

»Wenn irgendetwas
heilig ist, so ist es der
menschliche Körper.«

Walt Whitman

Freundschaft mit dem Körper schließen

DER KÖRPER ALS **TOR** ZUR GELASSENHEIT

Wer gelassen ist, dem sieht man das an – an seiner Ausstrahlung und auf einer noch direkteren Ebene an seinem Körper. Entspannte Menschen ziehen die Schultern nicht hoch, weil sie losgelassen haben; ihr Gesicht ist frei von Zornes- und Sorgenfalten; sie beißen die Zähne nicht zusammen, da sie nicht verbissen sind.

DEIN BESTER FREUND

Dein Körper ist ein Tor zu mehr Gelassenheit und Lebensfreude. Dieses Tor steht dir immer offen. Und trotzdem ist es nicht einfach, hindurchzugehen. In unserer Kultur hat der Körper es nie leicht gehabt. Der griechische Philosoph Platon bezeichnete ihn als »das Grab der Seele«. Und heute sieht es kaum besser aus. Mehr und mehr wird unsere Aufmerksamkeit von der digitalen Welt, von Computern und Smartphones, visuellen und mentalen Reizen aufgesogen. Und da wir unseren Körper dadurch immer weniger wahrnehmen, verlieren wir einen wichtigen Teil von uns – einen weisen Lehrer und vor allem: unseren besten Freund.

Immer wenn du spürst, dass Körper und Geist harmonisch verbunden sind, lebst du wirklich und ruhst in dir.

DEIN KÖRPER LEBT

Dein Körper lebt mit dir und du lebst durch ihn. Blitzschnell reagiert er auf jede Stimmung und jede Emotion. Dein Schmerz, deine Trauer, deine Unruhe und ebenso deine Freude, Begeisterung und Liebe spiegeln sich in deinem Körper wider. Andersherum beeinflusst dein Körper auch deine Emotionen. In einer Rückkoppelungsschleife sendet er deinem Gehirn Rückmeldungen über deine Stimmungen, wodurch diese sich noch verstärken – zum Guten oder Schlechten. *Ist der Geist ängstlich, so verspannt sich dein Körper. Ist der Körper verspannt, verstärkt sich das Angstgefühl. Ist der Geist gelassen, so entspannt sich dein Körper. Ist der Körper entspannt, so kann dein Geist noch mehr loslassen und vertrauen.* Diese Formel gilt für jede Art von emotionaler Belastung.

SICH SELBST UMARMEN

Der Zusammenhang zwischen Körper und Bewusstsein ist längst wissenschaftlich belegt. Die Mind-Body-Medizin konzentriert sich auf diesen wechselseitigen Einfluss. Durch einen mitfühlenden Umgang mit dem eigenen Körper können Heilungsprozesse aktiviert und auch seelische Nöte effektiv gelindert werden. Die Idee, dass Körper und Geist verschieden sind, führt uns oft in die Irre. Da wir es aber überhaupt nicht gewohnt sind, uns so zu sehen, tut es uns gut, es wieder zu lernen: indem wir nett zu unserem Körper sind.

Umarme deinen Körper. Lächle ihm zu. Dadurch, dass du deinem Körper wie einem Freund begegnest, kannst du Ängsten, Unruhe, Sorgen oder Unzufriedenheit den Stachel nehmen und Gelassenheit entwickeln. Wie kannst du die Tatsache, dass du einen Körper »hast«, konkret nutzen, um gelassener zu werden? Dazu wirst du nun drei Möglichkeiten kennenlernen:

1. Lerne, deinen Körper tief zu **entspannen**.
2. Verbringe mehr Zeit damit, deinen Körper zu **spüren**.
3. Versuche regelmäßig, in deinem Körper zu **ruhen.**

DEN KÖRPER **ENTSPANNEN**

Je größer der Druck ist, den du in deinem Alltag erfährst, desto größer ist dein Bedürfnis nach Entspannung. Ebenso wie du dich nach langer, anstrengender Wanderung nach einer Bank sehnst, auf der du dich ausruhen kannst, wünschst du dir nach einem stressigen Tag Erholung. Dieses Bedürfnis ist sehr gesund, denn es schützt dich davor, krank und unglücklich zu werden.

Wie kannst du dich auf gesunde Weise entspannen? Wie kannst du zur Ruhe kommen und dich wieder wohl in deiner Haut fühlen? Ganz einfach: indem du lernst, deinen Körper zu entspannen. *Körper, Fühlen und Denken bilden eine Einheit: Jede Veränderung in deinem Körper wirkt sich auf deine Stimmung aus.*

MUSKELENTSPANNUNG IM LIEGEN

Wohlbefinden und Ruhe sind Ziel aller Entspannungsmethoden. »PMR«, die Progressive Muskelrelaxation nach Jacobson, gehört zu den effektivsten Strategien, um Körper und Seele zu entspannen. Hier eine Kurzform:

- Lege dich auf den Rücken, lasse die Füße auseinanderfallen und drehe die Handflächen nach oben. Schließe die Augen. Wenn du möchtest, kannst du dich zudecken.

- Lenke die Aufmerksamkeit auf deine Arme. Balle die Hände zu Fäusten, hebe die Arme leicht vom Boden ab und spanne den Bizeps an. Halte die Spannung sieben Sekunden lang, atme dabei ruhig tief durch. Lasse dann ganz los. Spüre tief in deine Arme und Hände hinein. Wiederhole nun das Ganze.

- Konzentriere dich auf Gesicht und Nacken. Kneife die Augen und Lippen zusammen und spanne alle Gesichtsmuskeln an; hebe zugleich den Kopf etwas ab. Halte die Spannung sieben Sekunden lang – dann loslassen und nachspüren. Wiederhole das noch mal.

- Konzentriere dich auf Schultern, Rücken und Bauch. Ziehe die Schultern nach unten, spanne den Bauch an und halte die Spannung sieben Sekunden. Lasse dann alle Muskeln blitzartig los und spüre den Oberkörper. Wiederhole das einmal.

- Konzentriere dich auf die Beine. Spanne sie an, indem du mit den Fersen gegen den Boden drückst und die Zehen anziehst. Halte die Anspannung sieben Sekunden, ohne die Luft anzuhalten. Lasse alle Spannung los und spüre nach. Wiederhole die Technik.

- Spanne alle Muskeln gleichzeitig an: Balle die Fäuste, spanne den Bizeps an, mache ein Gesicht, als hättest du in eine Zitrone gebissen, und hebe den Kopf etwas an. Drücke die Schultern gegen den Boden und spanne Bauch und Beine an. Lasse den Atem dabei weiterströmen und nach sieben Sekunden alle Spannungen los.

- Entspanne nun den ganzen Körper. Lasse ihn schwer und warm werden. Lasse deinen Körper los – lasse deine Gedanken los.

KÖRPER UND GEIST ZUSAMMENFÜHREN

Ein Zen-Schüler kommt zu seinem Meister: »Seit Jahren übe ich mich in der Kunst des Bogenschießens, doch statt besser zu werden, treffe ich immer schlechter. Wie sehr ich auch darüber nachdenke, wie ich mich vervollkommnen soll – es gelingt mir nicht.« Der Meister antwortet: »Das Ziel lässt sich nicht denken. Mit jedem Gedanken verfehlst du es nur noch mehr. Werde eins mit dem Ziel. Bringe Körper und Geist in Einklang und kehre zur Mitte zurück.«

Als du soeben die Geschichte gelesen hast, warst du dir da deines Körpers bewusst? Hast du deine Haltung gespürt, wusstest du, wie sich deine Hände anfühlen oder deine Stirn? Sicher nicht, denn sobald wir uns konzentrieren, vergessen wir unseren Körper.

SICH MIT DEM EIGENEN KÖRPER WIEDER ANFREUNDEN

Wenn du gedanklich ständig ganz woanders bist, »vergisst« du deinen Körper leicht und er wird dir fremd. Dann beginnst du vielleicht, ihn abzulehnen, weil er nicht schlank, jung oder fit genug ist. Da du jedoch selbst der Körper bist, den du da ablehnst, macht dich das unzufrieden und unglücklich.

Das Gegenmittel ist einfach: Freunde dich mit deinem Körper an. Nicht indem du ins Fitnessstudio gehst und ihn so zu formen versuchst, wie er »sein sollte«, sondern indem du ihn achtsam wahrnimmst, so wie er ist – ohne zu bewerten.

Dein Körper ist immer im Hier und Jetzt. Lasse dich in ihm nieder, und du bist es auch.

DIE KÖRPER-MEDITATION

Die folgende Übung hilft dir, den Kontakt zu deinem Körper gezielt zu verbessern und Spannungen und Widerstände abzubauen.

- Setze dich bequem und aufrecht hin, schließe die Augen und verschränke die Hände im Schoß.

- Atme dreimal tief durch. Lenke deine Achtsamkeit dann von unten nach oben auf deine Haltung – die Füße und Beine … den Po und die Wirbelsäule … den Kopf und die Schultern. Entspanne alle Bereiche so gut wie möglich.

- »Scanne« deinen Körper nun innerlich von oben nach unten ab. Lenke die Achtsamkeit wie einen inneren Strahler auf die Stirn – Augen und Mund – die Schultern – Rücken und Brust – den Bauch – Arme und Hände – Becken, Beine und Füße. Was immer du wahrnimmst – ob Kälte, Kribbeln, Schmerzen oder Jucken –, ist okay. Beobachte nur. Bleibe offen und neugierig.

- Spüre deinen Körper jetzt als Ganzes. Vielleicht kannst du ihn als ein großes Energiefeld wahrnehmen. Falls Gedanken auftauchen, nimm sie wahr, aber lenke die Achtsamkeit immer wieder auf den Körper als Ganzes.

- Um die Meditation zu beenden, atmest du dreimal tief durch.

VON AUGENBLICK ZU AUGEN-BLICK IM KÖRPER **WOHNEN**

Wie kann man von einem Anfänger der Gelassenheit zu einem wahren Meister werden? Genauso, wie man vom Klavieranfänger zum Konzertpianisten wird: *»Ein Tourist fragt einen Passanten: ›Können Sie mir bitte sagen, wie ich zur Philharmonie komme?‹ Der Mann nickt. ›Da gibt es nur einen Weg: Üben, üben, üben.‹«*
Was für die Musik gilt, gilt auch für andere Künste – etwa für die Kunst der Zufriedenheit, die der Gelassenheit oder die, sich selbst gut zu spüren. Wenn du dich mit deinem Körper anfreunden und dich in ihm entspannen willst, so solltest du versuchen, es dir in ihm so wohnlich wie möglich zu machen. Dazu ist ein wenig »Training« nötig – jedoch kein Körper-, sondern Achtsamkeitstraining.

AUGENBLICKS-ÜBUNGEN

- **Nimm deine Körperhaltung wahr:** Buddha sagte: »Beim Gehen werde dir des Gehens bewusst, beim Stehen des Stehens, beim Sitzen des Sitzens, beim Liegen des Liegens. Nimm jede Körperhaltung achtsam wahr.« Wann immer du dir deiner Haltung bewusst wirst, kommst du in diesen Augenblick zurück. Sitzt oder stehst du? Ist dein Rücken krumm oder gerade? Was machen deine Hände?

- **Das Gesicht entspannen:** Stress zeigt sich in deinem Gesicht. Prüfe mehrmals, wie sie sich gerade anfühlen – die Stirn, die Augen und der Kiefer. Entspanne dein Gesicht und lächle.

- **Verwöhne deinen Körper:** Nimm ein heißes Bad, gehe in die Sauna, lasse dich massieren, mache Yoga, laufe durch den Park …

- **Die Blitzentspannung:** Atme zunächst einmal tief ein. Halte dann die Luft an, ziehe die Schultern zu den Ohren, beiße die Zähne aufeinander, ziehe den Bauch ein und mache feste Fäuste. Zähle langsam bis drei und halte die Spannung. Atme dann mit einem lauten Seufzen aus und lasse alle Spannungen blitzschnell los. Denke gleichzeitig: »Loslassen!« Wiederhole das Ganze dreimal.

- **Die Hände ruhen lassen:** Lasse die Hände mehrmals täglich vollkommen still werden. Lege sie in den Schoß, entspanne sie, nimm sie achtsam wahr und beobachte, wie sich das auf deine Stimmung auswirkt.

- **Lade deine Sinne in dein Leben ein:** Spüre den Regen auf der Haut, laufe barfuß durch den Sand, lege dich auf eine Blumenwiese, genieße den Duft des Kaffees, umarme jemanden, den du liebst.

»Tue deinem Leib etwas Gutes,
damit deine Seele Lust hat,
darin zu wohnen.«

Teresa von Ávila

LANGSAM, **LANGSAM ...**

Hektik und permanenter Zeitdruck gehören zu den Hauptgründen dafür, dass wir uns so viele Male gestresst und ausgebrannt fühlen. Ob im Internet, im Straßenverkehr oder in der Industrie: Der allgegenwärtige Geschwindigkeitsrausch ist offensichtlich. Doch was nützt uns die ganze Zeitersparnis, wenn unter dem Strich immer weniger Zeit für uns selbst bleibt?

Wenn es dir um Gelassenheit und innere Ruhe geht, gilt: Weniger ist mehr und langsamer ist besser. Buddha sagte, dass wir »nicht zu geschäftig« sein sollten. Wer allzu viel schaffen will, ist am Ende oft meist geschafft.

Wie fühlst du dich denn, wenn du in Eile bist? Bist du dann noch hier, bei dir? Oder sind deine Gedanken jedes Mal schon ein paar Schritte voraus, sodass dein Körper völlig außer Atem gerät? Die wirklich wichtigen Dinge können wir nicht schnell machen – wir können niemanden auf die Schnelle lieben, nicht schnell mal leben oder schnell mal erwachsen werden.

SICH MEHR ZEIT FÜR SICH NEHMEN

Gelassenheit gewinnst du, wenn du lernst, dir mehr Zeit zu nehmen. Einerseits, indem du dir immer wieder gezielt Auszeiten nimmst, um zu lesen, Freunde zu treffen, etwas mit deiner Familie zu unternehmen oder deine Begabungen zu entwickeln. Andererseits, indem du es dir angewöhnst, zwischendurch einen Gang runterzuschalten. Tue ruhig, was du sonst auch tust, aber tue es deutlich langsamer.

Wenn du es eilig hast, gehe langsam. Iss langsamer, sprich langsamer und lasse dir für alles mehr Zeit. Entschleunige den Augenblick – entschleunige dein Leben.

GAR NICHTS TUN

Ruhe dich so oft wie möglich zwischendurch aus. Egal, ob du dich auf dein Sofa legst, auf eine Bank setzt, im Zug oder Auto bist, egal, ob du eine halbe Stunde oder nur eine Minute Zeit hast. Kleine Pausen können sehr effektiv sein, sofern die Methode stimmt. Und die ist überaus einfach:

- **Tue nichts** – nicht lesen, nicht fernsehen, nicht grübeln, keine Musik hören und nicht telefonieren.

- **Ruhe den Körper gezielt aus**. Notfalls geht das auch im Stehen, doch wenn du sitzen kannst, setze dich, und wenn du liegen kannst, dann lege dich hin.

- **Übe das, was man im Buddhismus »friedliches Verweilen im Körper« nennt**: Lege dich mit dem Rücken auf eine Yogamatte oder eine kuschelige Decke und lasse die Arme locker neben dem Körper aufliegen. Die Handflächen berühren den Boden. Lenke die Achtsamkeit voll und ganz auf deine Körperhaltung. Entspanne die Muskeln. Achte auf die Kontaktpunkte zur Unterlage und zu deiner Kleidung. Beobachte neugierig alle Körperempfindungen, die dir bewusst werden, wie Wärme, Kälte, Kribbeln, Schmerzen oder Spannungen, ohne sie zu bewerten oder zu verurteilen.

- **Und jetzt: Tue gar nichts mehr.** Ruhe einfach nur in deinem Körper. Genieße das Nichtstun.

In dem Augenblick,
in dem du dich für das
Lächeln entscheidest,
hast du gewonnen.

Lächeln statt ärgern

DER SCHLAG INS **WASSER**

Wasser ist ein hochgradig faszinierendes Element. Kein Wunder, dass es für so vieles im Leben als ein Gleichnis dient. Das Wasser fließt ganz einfach zum Meer – ohne sich im Geringsten darum zu bemühen. Stößt es dabei auf ein Hindernis, bleibt es nicht stehen oder verharrt, um zu überlegen, sondern folgt wieder ganz einfach seiner Natur. Es fließt um das Hindernis herum, steigt hoch, bis es darüber strömen kann, oder bringt es durch seinen kräftigen Druck zum Ausweichen.

SYMBOL FÜR DAS UNZERSTÖRBARE

Wasser steht in gewissem Sinne für das Weiche und Nachgiebige – aber auch dafür, dass die Weichheit und das Nachgeben nichts mit Schwäche zu tun haben. Wenn du einmal vom Fünfmeterbrett gesprungen bist, weißt du, dass Wasser ganz schön hart sein kann. *Aber: Es schlägt nicht zurück und macht sich nicht hart. Es bleibt immer es selbst, nachgiebig und dabei unzerstörbar.* Aber je fester du auf das Wasser schlägst, desto härter scheint es zu sein.
Ist diese Metapher nicht ein tolles Beispiel dafür, wie Gelassenheit sein könnte?

SEI WIE DAS WASSER

Stelle dir mal vor, wie das im Alltag aussehen könnte, »wie das Wasser zu werden«: Es passiert zum Beispiel, dass jemand etwas sehr Dummes zu dir sagt. Es könnte sogar etwas »Verletzendes« sein – aber wodurch kränkt dich die Bemerkung eigentlich? Nur dadurch, dass es auf etwas in dir trifft, das einen kleinen Knacks bekommt: beispielsweise dein Selbstwertgefühl, deine moralischen Vorstellungen, dein Glaube oder auch dein Sicherheitsgefühl.
Wenn das passiert, kann es manchmal richtig wehtun! Und jetzt stelle dir mal vor, diese Beleidigung, dieser Angriff würde wie auf Wasser treffen. Dann würde sich das für den Angreifer doch im Grunde ziemlich blöd anfühlen, er hätte nichts erreicht – und du wärst überhaupt nicht verletzt.

Ein Beispiel: *Maria ist 45 geworden und fürchtet sich ein bisschen davor, dass ihre Attraktivität als Frau vielleicht bald schon den Zenit überschritten hat – oder dass das vielleicht schon längst der Fall ist. Und jetzt kommt eine jüngere Kollegin, Pia, und sagt: »Mensch, Maria, du siehst ja ganz schön fertig aus.« Mal ehrlich: Die meisten Frauen (oder auch Männer) würden da nicht gerade Freudentänze aufführen. Eher schon weinen, deprimiert sein, sauer werden, schockiert sein, wütend werden … Aber was wäre, wenn Maria einfach lächelte und sagte: »Ja, das ist mir auch schon aufgefallen!« Was Pia betrifft: Wenn sie es böse gemeint hätte, wäre sie ganz schön verblüfft. Und hätte sie es nur so dahingesagt, würde sie über Marias Coolness staunen und sie vielleicht sogar dafür bewundern. Und Maria? Ihr ginge es auch besser damit: Okay, sie wird älter und manchmal sieht man das sogar – aber Zornesfalten machen es nicht besser. Und das Lächeln macht sie sowieso fünf Jahre jünger.*

Klingt das sehr schwierig, so zu reagieren und wie das Wasser zu werden? Natürlich! Du bist ja nun mal nicht Wasser, selbst wenn du nah am Wasser gebaut hast. Doch wenn du dir immer wieder einmal vor Augen führst, wie entspannend, natürlich und effektiv es ist, sich ein bisschen wie Wasser zu verhalten, wirst du der Gelassenheit bestimmt ein kleines Stückchen näher kommen.

Du kannst mit Hindernissen umgehen, wie das Wasser es tut, und dich ihnen nicht widersetzen. Du gehst einfach deinen Weg, du fließt mit dem Strom des Lebens, der dich, ohne dass du dich bemühen musst, an dein Ziel führt. Du weichst den Schwierigkeiten nicht aus, sondern lässt dich von ihnen auf deinen Weg führen, du lässt dich nicht von Schicksalsschlägen verletzen – sie können dir nichts anhaben.

Wenn dich etwas verletzt, sieh nicht auf das Äußere, sieh nach innen: Was ist so hart, dass es verletzt werden kann?

WENIGER ERWARTEN,
MEHR **STAUNEN**

Wir erwarten ständig etwas – Gutes wie Schlechtes. Du erwartest vielleicht, dass sich die Kinder in der Schule mehr anstrengen oder dass der ersehnte Urlaub mit deinem Partner toll wird. Nur gibt's immer ein Problem mit diesen Erwartungen. Das hast du bestimmt auch oft schon gemerkt: *Es kommt immer anders, als man denkt.* Und leider ist das nur selten gut.

> »*Für jede angenehme Erwartung*
> *gibt's mindestens drei*
> *unangenehme Möglichkeiten.*«

Wilhelm Busch

Wenn du etwas Schlimmes erwartest, wird es oft nicht so schlimm kommen – ist das nicht eine gute Neuigkeit? Es ist natürlich gut, wenn nichts Schlimmes geschieht. Aber hat deine Erwartung das verhindert? Und wie hast du dich gefühlt, als du das Schlimme erwartet hast? Du hast etwas Unangenehmes, das überhaupt nicht vorhanden war, in deine Gegenwart geholt und dir den Augenblick vermiest. Aber: War der Moment der Erleichterung es wert, dass du deine Zeit und Gelassenheit vorher dafür geopfert hast? Das ist ja so, als ob man sich absichtlich mit dem Hammer auf den Finger schlagen würde, weil es so ein gutes Gefühl ist, wenn der Schmerz anschließend nachlässt. Und wenn es nun tatsächlich übel ausgegangen wäre? Hätte dir die Sorge vorher denn wirklich geholfen? Oder: Haben deine Sorgen die Situation nicht erst herbeigeführt?

PROPHEZEIUNGEN, DIE SICH ERFÜLLEN

So etwas kommt ja vor. Das nennt man »selbsterfüllende Prophezeiungen«. Wenn du beispielsweise erwartest, dass der Tag ganz scheußlich wird, stehen die Chancen nicht schlecht, dass du recht haben wirst.

Aber wie ist es mit den positiven Erwartungen? Da müsste doch das Gegenteil der Fall sein: Indem du positiv denkst, holst du dir angenehme Dinge in die Gegenwart – vielleicht treffen sie nicht ein, doch immerhin ist der Moment der Vorfreude schön. Dadurch, dass du dich positiv auf etwas fokussierst, schaffst du zudem eher die Voraussetzung dafür, dass es auch tatsächlich eintritt. Und tatsächlich: Wenn du davon ausgehst, dass Menschen im Grunde freundlich und sympathisch sind, und du sie entsprechend behandelst und anlächelst, dann ist es ganz bestimmt so, dass du auch mehr nette Menschen treffen wirst.

Und wo ist der Haken? Da ist keiner: *Vorfreude und eine grundsätzlich positive Einstellung zu dem, was kommen mag, ist wunderbar.*

Aber: Diese Grundeinstellung ist keine Erwartung! Sobald du das Gute wirklich aktiv erwartest, also damit rechnest, dass es eintritt, passiert etwas, das zum Problem für deine Gelassenheit wird. Erwartungen haben nämlich die Eigenschaft, immer, wirklich immer zu übertreiben.

Das Unangenehme kommt, ohne dass du es erwartest – und das Schöne auch. Wie viel schöner ist es, vom Schönen überrascht zu werden, als es zu erwarten!

Befreie dich von Erwartungen. Sie übertreiben immer:

Nichts wird so schlimm und nichts so gut, wie du erwartest.

Sieh mit staunenden offenen Augen in die Welt und sieh

gelassen zu, was kommt.

DIE KUNST ZU **LÄCHELN**

Wenn es etwas Schönes, Angenehmes oder Lustiges gibt – dann lächelst du. Ganz von selbst. Und es fühlt sich gut an. Aber was, wenn du mal gerade nichts zu lachen oder zu lächeln hast? Dann ist dir nicht nach Lächeln – es kommt nicht von selbst, so wie in schönen Momenten.

VON DER MAGIE DES LÄCHELNS

Und was würde passieren, wenn du allem zum Trotz dennoch lächelst? Eine ganze Menge. Zuerst ist das sehr künstlich. Bestimmt kommt es dir seltsam vor zu lächeln, wenn du aufgeregt, wütend oder traurig bist. Klar! Und trotzdem: Probiere es doch einmal aus. Am besten vor dem Spiegel. Versuche doch einmal, ein möglichst aufrichtiges Lächeln »aufzusetzen«.

Wenn du das jetzt wirklich ausprobiert hast, weißt du wahrscheinlich, warum wir dich zu so etwas Merkwürdigem auffordern. Wenn du nämlich ein echtes Lächeln hinbekommen hast, sind in diesem Moment Wut, Angst oder Trauer ein bisschen weniger geworden. *Das klingt nach Magie – doch es ist eine ganz natürliche Sache. Körper und Seele sind eben viel stärker verbunden, als man manchmal glaubt.*

Glücksgefühle und ein echtes Lächeln sind über das Gehirn miteinander verknüpft. Du lächelst nicht nur, wenn du glücklich bist, sondern du bist auch dann glücklich, wenn du lächelst.

LÄCHLE MIT DEN AUGEN, KLEINES!

Du fragst dich vielleicht, was denn ein »echtes Lächeln« sein soll. Du wirst dich wundern, da gibt es eine ganz klare, eindeutige Antwort: Die Augenringmuskeln müssen aktiv werden. Das sind die Muskeln um das Auge, die es ausdrucksvoll machen und für Lachfältchen verantwortlich sind. Du kannst sie ganz einfach durch bestimmte Vorstellungen in Bewegung bringen.

- Stelle dir vor, an deinen Mund- und Augenwinkeln wären unsichtbare Fäden befestigt. Und nun zieht jemand, der hinter dir steht, leicht an diesen vier Fäden, also nach hinten und oben.

- Merkst du, wie sich dein Gesicht zum Lächeln verzieht? Und auch wenn dir nicht lustig zumute ist: Spürst du dennoch, dass es plötzlich ein wenig leichter wird?

MIT LÄCHELN ANSTECKEN

- Aber noch interessanter ist vielleicht, dass du auch viel weniger Anlass zu Aufregung haben wirst, da die Menschen in deiner Umgebung positiv darauf reagieren werden, wenn du ein inneres oder äußeres Lächeln zeigst. Lächeln ist ansteckend. Man kann sich also nicht nur mit einer Krankheit, sondern auch mit Gesundheit anstecken! Du lächelst einen anderen Menschen an: Damit machst du zwei Menschen zufriedener.

JENSEITS VON »JA« UND »NEIN«

Wenn du es einmal eine Weile lassen kannst, die Welt, die Menschen, die Ereignisse oder dich selbst zu bewerten, wirst du erfahren, wie es sich anfühlt, absolut gelassen zu sein. Denn Gelassenheit ist nicht nur ein stoisches Ruhigbleiben, sondern ein regelrechtes Glücksgefühl. Es gibt so vieles, zu dem du weder »Ja« noch »Nein« sagen musst – lasse es doch einfach sein.

Zum Beispiel musst du dich doch über eine Verkäuferin, die sehr unfreundlich ist, weder wehren noch dich innerlich aufregen. Lasse sie doch einfach. Sage weder »Ja« zu deiner Verärgerung noch »Nein« zu dem Mitmenschen, der dir gegenübersteht. Lächle sie einfach an. Befreie dich.

Ein Lächeln kann dich von der Last befreien, die Welt in Gut und Böse einzuteilen.

GELASSEN UND HEITER

Wer gelassen ist, ist zugleich auch heiter. Wie könnte es anders sein? Wenn du unangenehme Dinge siehst, sie nicht festhältst und ihnen im Vorüberziehen freundlich zulächelst, kommt Heiterkeit ganz von selbst.

Gelassenheit und Heiterkeit helfen gegen den Wahn, für alles die Verantwortung übernehmen zu müssen. Denn wenn du diesem Wahn zulächelst, so verschwindet er einfach. Heiterkeit ist selbstverständlich auch nicht die »Heiterkeit«, die durch Schadenfreude entsteht. Ganz im Gegenteil.

Wenn du gelassen in dir ruhst und Heiterkeit in dir aufsteigt, so ist das damit verbunden, dass du gleichzeitig mehr Mitgefühl für andere empfindest.

Wie kann das sein?

Es ist einfach so, dass du durch gelassene Heiterkeit so viel Energie hast, dass du nicht mehr glaubst, sie in dir festhalten zu müssen, und dass sich dein Herz öffnet. Und das Wunderbare daran: *Du gewinnst auf diese Weise auch an Selbstwertgefühl, Entspannung und Ausstrahlung.*

HERZENSLÄCHELN

Der Zen-Meister Thich Nhat Hanh hat dazu eine Übung vorgeschlagen, die ganz einfach und dabei sehr wirkungsvoll ist:

- Lächle einfach allem, wirklich allem zu. Der Welt, den Wolken, dem Hund, der Verkäuferin, deinem Spiegelbild, deinen Fantasien, sogar deinen Sorgen, deinem Ärger und deinen Ängsten ...

- Bald wird das Lächeln aus deinem Herzen kommen. Und das macht attraktiver als jede Schönheitschirurgie. Schon wieder ein Grund, ganz gelassen in die Zukunft zu blicken!

- Oder: Lache einfach! Stelle dich vor den Spiegel und lache dich an, wie du Grimassen schneidest.

»Die Menschheit nimmt sich selbst zu ernst. Das ist die Erbsünde der Welt. Hätte der Höhlenmensch zu lachen verstanden, wäre die Weltgeschichte anders verlaufen.«

Oscar Wilde

MUSS ICH DAS **SO** MACHEN?

Wenn dich etwas aus der Ruhe bringt, reagierst du. Klar – du bist ja schließlich kein Stein, sondern ein Mensch! Du lebst, du atmest und du reagierst auf äußere Reize. Das ist jedoch kein Problem. Denn nicht *dass* wir reagieren, bringt uns aus der Ruhe, sondern *wie* wir reagieren. Und während wir nur wenig Einfluss darauf haben, *was* geschieht, haben wir sehr viele Möglichkeiten, damit umzugehen. Was den einen in die Verzweiflung treibt, lässt den anderen kalt.

WIE FERNGESTEUERT

Unsere Reaktionen auf bestimmte Ereignisse laufen meist wie ferngesteuert ab. Und leider entsteht auf diese Weise immer wieder eine Menge Stress – zum Beispiel dann, wenn ein Wort zum anderen führt. Sicher kennst du diese Situation: Dein Partner sagt vorwurfsvoll: »Du bist schon wieder zu spät dran, wie immer!« und du schaltest sofort auf Gegenangriff: »Was heißt denn da bitte wie immer?« oder: »Wenn du mich jetzt nervst, dann dauert es nur noch länger!«
Wie kannst du gelassener reagieren?

Zum Beispiel durch eine einfache Strategie, die aus zwei Schritten besteht:

1. **Lächeln – akzeptieren, was ist:** Es ist normal, sich zu ärgern. Es ist menschlich, wütend zu werden. Jeder von uns hat sich irgendwann bestimmte Reaktionsmuster angewöhnt. Kein Problem. Der erste Schritt besteht immer darin, dass du wohlwollend mit dir selbst umgehst, wenn du sauer, wütend oder traurig bist.

2. **Nachfragen – um die Ecke denken:** Wenn du von einem anderen Menschen angegriffen wirst und deshalb sehr aufgewühlt oder genervt bist, dann stelle dir diese Frage: »**Erreiche ich mit dem, was ich gerade tue, wirklich das, was ich auch erreichen will?**«

Stelle dir doch gleich mal einen von diesen typischen Konflikten vor, die Stress bei dir auslösen. Spüre, wie du normalerweise reagieren würdest – lächle und stelle dir dann die Frage: *»Wozu wird meine Reaktion führen?«* Du erkennst schnell, dass bestimmte Reaktionen dich ganz und gar nicht zu deinem Ziel führen können. Und schon diese Einsicht hilft oft, gelassener zu bleiben.

Du kannst die Gereiztheit oder Verletzung natürlich nicht von einem Moment auf den anderen abschalten. Das Lächeln hilft, einen ersten Gelassenheitsimpuls zu bekommen. Doch bevor du Übung in der Kunst der Gelassenheit hast, wirst du in einer Stresssituation nicht sofort ruhig werden können. Was du jedoch sofort tun kannst: Du kannst das »Eintauchen« verhindern. Negative Gefühle werden umso stärker, je leichter du dich verführen lässt.
Stopp! Bleibe stehen! Springe nicht in den Abgrund!

SELBSTBEHERRSCHUNG IST NICHT DIE LÖSUNG

Vielleicht denkst du jetzt, dass es um »Selbstbeherrschung« geht, doch das stimmt nicht. Es geht nicht darum, irgendetwas zu verdrängen. Wenn du dir kurz klarmachst, was du tatsächlich willst, brauchst du nämlich gar nichts zu unterdrücken – du willst ja schließlich nicht wirklich ausflippen!

Was da in dir brodelt und sein Revier verteidigen will, das ist dein sogenanntes Reptiliengehirn – jener Teil in der Steuerzentrale in deinem Kopf, der uralt ist und aus grauer Vorzeit stammt und automatisch auf alles reagiert, was es als »Angriff« empfindet. Wenn du diesen Mechanismus mit Willenskraft unterdrückst, wendet sich diese Kraft nach innen und erzeugt nur noch mehr Druck.
Indem du aber ganz einfach kurz innehältst, lächelst, dann tief ausatmest und dich fragst: *»Erreiche ich mit dem, was ich sage oder tu, das, was ich will?«,* schaltest du um. Jetzt ist deine Aufmerksamkeit nicht mehr bei dem Gefühl, angegriffen zu werden, sondern bei der mitfühlenden Frage, was du wirklich willst und was dir jetzt in diesem Moment guttun würde. Und diese Frage ist einer der schnellsten und wirkungsvollsten Wege zu mehr Gelassenheit.

Das, was du als »Problem« bezeichnest, ist nicht wirklich das, was dich aus dem Gleich-gewicht bringt.

Probleme sind nicht das Problem

VON DER UNZULÄNGLICHKEIT DES **SEINS**

Die Welt ist nicht nach unseren Wünschen gemacht. Selbst wenn du Milliarden von Euros auf der hohen Kante hättest, hättest du noch mit der Unzulänglichkeit der Welt zu kämpfen. Vielleicht sogar noch mehr, denn dann würdest du umso schmerzlicher erkennen, was du alles nicht kaufen oder verändern kannst. Du kannst nicht verhindern, dass du älter wirst, dass Freunde und Bekannte sterben, dass das Wetter zu kalt oder zu heiß ist … Es ist ziemlich gleichgültig für dein Lebensglück, ob du reich bist oder nicht – die Glücksforschung hat gezeigt, dass alles, was über gesicherte Grundbedürfnisse und ein wenig Luxus hinausgeht, praktisch nichts mehr zum Glück beiträgt. Besitz kann sogar leicht zur Belastung werden. Und Habenwollen ist wie eine Sucht: Hat man erst mal damit angefangen, Dinge oder Geld zu horten, ist es gar nicht mehr so leicht, wieder damit aufzuhören, selbst wenn das Geld oder die Dinge nicht froh machen.

PROBLEMEN BEGEGNEN

Die Welt ist also ziemlich unzulänglich – und das dadurch verändern zu wollen, dass man Teile dieser Welt an sich bindet, funktioniert einfach nicht.
Es ist trivial, aber man muss es doch sagen: *Dass du Probleme hast und vor allem das Ausmaß der Probleme, die du hast, hängt nur davon ab, was du damit machst, wenn ein Problem auftaucht.*

- Du kannst schreien, weinen, **um dich schlagen.**

- Du kannst innerlich schäumen und kochen und versuchen, das Problem auf **»rationale« Weise zu lösen.**

- Du kannst das, was geschehen ist, **ansehen,** und wenn du magst, **kannst du versuchen, es zu verändern.**

Und jetzt stelle dir immer zwei Fragen:

1. Wie sehr ist es geeignet, etwas besser zu machen?
2. Wie fühle ich mich dabei?

Die Antworten:

1. Überhaupt nicht geeignet. – Ich fühle mich schlecht.
2. Das kann manchmal, mit viel Mühe, etwas ändern. – Ich fühle mich sehr gestresst.
3. Weiß ich nicht – muss tatsächlich etwas geändert werden? – Sehr gut, danke.

Wenn du deine Sichtweise auf diese Art umstellen möchtest, denke daran, dass du andere Sichtweisen dein Leben lang eingeübt hast. Es ist also ganz natürlich, wenn du doch einmal ausrastest oder das Problem zum Problem machst. Wie bei allem, so macht es auch hier die Übung: *Mit jedem Mal, wo du von Problemsicht auf Gelassenheitssicht umschaltest, wird diese neue Gewohnheit stärker, bis du schließlich gar nicht mehr selbst umschalten musst, sondern Gelassenheit deine natürliche, automatische Reaktion sein wird.*
Bis es so weit ist, bleibe geduldig und sei dir immer bewusst, dass die Welt und das Dasein vorerst einmal recht unzulänglich sind. So sind sie eben.

Du erwartest nichts und daher wird alles ganz neu, frisch und staunenswert auf dich zukommen. Und wenn du es verändern willst, hast du auch die Kraft dafür.

ES **IST**, WIE ES **IST**, WIE ES **IST** ...

Das Leben ist manchmal gemein. Und natürlich sehnst du dich, wie wir alle, nach einem Leben, das nie gemein zu dir ist. Es geht ja auch so schon genug auf und ab. Diese Sehnsucht nach einem harmonischen, vielleicht erregenden, aber nicht aufreibenden, mühsamen Leben ist sehr verständlich.

Tatsächlich gibt es auch gar keinen Grund, warum du das nicht haben solltest: *ein Leben in Harmonie, Erfüllung und Freude.*

Dazu ist aber ein inneres Augenöffnen notwendig. Die Welt, die du erlebst, scheint sehr unvollkommen zu sein. Das liegt jedoch nur daran, dass du dir die Dinge anders vorstellst, als sie tatsächlich sind. Die einfachste Möglichkeit, Gelassenheit zu entwickeln und die Augen für die Wirklichkeit zu öffnen, besteht nun darin: *Stelle dir nichts vor!*

In dem Augenblick, wo du erkennst, dass es nur deine Vorstellungen sind, die das Leben unzulänglich machen, verändert sich die Welt: Du bist in Harmonie mit allem, was ist. *Warum solltest du dir die Welt irgendwie vorstellen? Sie ist ja ohnehin vorhanden, jetzt und hier.*

DIE WELT ANNEHMEN

Ärgerst du dich ein bisschen darüber, dass wir so tun, als wäre es so leicht? Denn das ist ja schnell gesagt: die Welt einfach da sein lassen, anstatt sie sich anders vorzustellen – nämlich so, wie sie sein sollte. Findest du das schwierig? Natürlich, weil du es nicht gewohnt bist und nicht geübt hast! Wenn es dir aber doch gelingt, loszulassen und zu sagen: »*Es ist, wie es ist, wie es ist ...*«, wirst du Erleichterung spüren. Es ist weder nötig noch hilfreich, dich in Vorstellungen zu verstricken. Wir sagen nicht: »Es ist doch alles egal, tue gar nichts, kümmere dich nicht um andere...«. Das wäre ein großes Missverständnis, denn darum geht es natürlich ganz und gar nicht. Doch effektives, kraftvolles Handeln entsteht nun einmal nicht daraus, dass du eine Alternativwelt vor Augen hast. Was deine Gefühle berührt, berührt dein Handeln. Du tust genau das, was dein Herz dir sagt: Wo geholfen werden muss, da muss geholfen werden. Bei alledem handelt es sich ja nicht etwa um moralische Regeln, Naturgesetze oder heilige Gebote: Es ist einfach das, was geschieht, wenn du dir keine Alternativwelt vorstellst, die in Disharmonie mit der wirklichen Welt ist.

Das, was geschieht, geschieht. Das, was ist, ist, wie es ist.

Der Unterschied, wenn du die Vorstellung von der Welt, wie sie sein soll, aufgibst und einfach hinsiehst, wie sie ist, liegt darin, dass du dich dann mit der Welt verbunden fühlst, zufriedener bist, mehr Energie zur Verfügung hast und gelassen handeln kannst. Aber sonst gibt es keinen wichtigen Unterschied.

> *»Wenn du weinst, sind die Dinge so, wie sie sind. Wenn du lachst, sind die Dinge so, wie sie sind.«*
>
> Daoistisches Sprichwort

Es ist, wie es ist, wie es ist … und daran kann deine Vorstellung überhaupt nichts ändern. Doch daran, wie du eine bestimmte Situation siehst und wie sie auf dich wirkt, ändert sie etwas. Deshalb stelle dir immer möglichst schöne Dinge vor.

»Wenn man nicht an das glaubt, was nicht da ist, wie sollte es dann jemals wirklich werden?« Das, was du dir vorstellst, neigt dazu, wirklich zu werden – das betrifft natürlich auch deine Gelassenheit. Vielleicht ist die Erkenntnis, dass die Dinge nun mal kommen, wie sie kommen, zunächst ernüchternd für dich. Doch unterschätze nie deine Möglichkeiten: Ob du trotz widriger Umstände gelassen bleiben kannst oder ob dein Glaube positive Veränderungen herbeiführen wird – all das liegt in deiner Hand oder genauer in deinem Geist.

DAS PROBLEM PROBLEM
SEIN LASSEN

Irgendwie steckt es in uns Menschen drin: Wenn uns ein Problem begegnet, wollen wir es lösen. Es ist ja auch nicht verkehrt, wenn du Probleme zu lösen versuchst, wenn sie auftauchen – viel besser, als sie zu verdrängen, zu leugnen oder an ihnen zu verzweifeln. Dass du die meisten Verzwicktheiten in der Regel gut lösen kannst, ist kein Wunder, denn dein Gehirn ist darauf spezialisiert.

Wie bei den meisten guten Dingen gibt es allerdings eine Kehrseite. Oder sogar zwei. Dass wir so gut beim Problemlösen sind, führt nämlich dazu, dass wir oft gar nicht mehr in der Lage sind, eine andere Alternative zu sehen – auch wenn diese viel einfacher, effektiver und angenehmer wäre.

Schaue dir mal die folgenden Probleme an und überlege, wie du sie lösen könntest:

1. Du weißt nicht, ob du heute Abend ins Kino gehen oder zu Hause bleiben willst.
2. Du hast übermorgen ein extrem wichtiges Treffen in London, doch die Fluglotsen streiken.
3. Du bist morgen mit einem Menschen verabredet, der dir viel bedeutet, und grübelst darüber nach, wie du dich so gibst, dass du ihm möglichst sympathisch bist.
4. Du bist in einem schönen Restaurant und hast als Nachtisch Crème Caramel bestellt, aber statt dessen Panna Cotta bekommen, die du zwar auch magst, aber du hattest ja nun einmal etwas anderes bestellt.

Hast du für alles Lösungen gefunden? Bei Nummer 2 ist das sehr gut. Die anderen drei Situationen haben eins gemeinsam: Es sind gar keine Probleme. Jedenfalls keine, die gelöst werden müssen. Manche Probleme müssen nämlich überhaupt nicht gelöst werden. Statt sofort den Problemlösungsmodus zu starten, sieh hin, ob es nicht der Gelassenheitsmodus viel besser hinbekommt.

AUF DER SUCHE NACH DEM PROBLEM

Denke mal an ein paar Situationen, in denen du dich – erfolgreich – um ein Problem gekümmert hast. Und jetzt überlege, was passiert wäre, hättest du das Problem nicht gelöst. Wäre dann eine Katastrophe geschehen? Manchmal bestimmt. Manchmal vielleicht. Manchmal wäre aber auch gar nichts geschehen.

Es lohnt sich immer, achtsam statt automatisch zu reagieren: nicht mit Angst, Wut oder Aufgabe – und auch nicht mit dem Zwang, jedes Problem sofort lösen zu müssen. *Gelassenheit ist in jedem Fall die beste Strategie: Selbst wenn es um ein Problem geht, das tatsächlich unmittelbar gelöst werden muss, funktioniert das besser mit Gelassenheit.* Aber vielleicht erscheint sogar dieses Problem beim gelassenen Hinsehen gar nicht mehr als lösungsbedürftig …

An unserer Problemlösungssucht gibt es leider noch einen Haken, der uns oft üble Streiche spielt: Absurderweise suchen wir nämlich oft geradezu nach Problemen. Wir haben ganz bewusst »Problemlösungssucht« geschrieben, da es mitunter tatsächlich einer Sucht ähnelt, wie Menschen nach Problemen suchen.

Diese Probleme sind also nicht zum Lösen da, sondern um ihrer selbst willen. Manche Menschen haben sich angewöhnt, mit anderen Menschen nur über ihre Probleme zu sprechen. Alles, was sie dabei lernen, ist: Wie entdecke ich Probleme und erkläre sie ausführlich, auch wenn ich eigentlich gar kein Problem habe.

Es ist gut, darauf zu achten, ob man mit Menschen vor allem über Probleme spricht. Meist löst das keine Probleme, sondern trainiert nur die Suche nach und das Sprechen über Probleme … und erschafft sie damit erst.

SORGEN, ÄRGER UND ANDERE **RUHEKILLER**

Du wärst bestimmt ganz gelassen – wenn nicht immer irgendetwas dazwischen käme, das deine Seelenruhe unterbricht. Sieh dir diese »Ruhekiller« einmal an.

Die Nummer eins unter den Ruhekillern ist sicher das Grübeln, das Hin-und-her-Wälzen von Gedanken, wie schön die Welt sein könnte und wie jämmerlich sie tatsächlich ist. Die ergrübelten Zukunftsvisionen sind dabei meistens düster oder von Wut geprägt. Wir könnten bald sterben. Wir könnten unseren Job verlieren. Wir könnten dem Nachbarn etwas antun. Wir könnten eine schwere Krankheit haben. Wir könnten etwas verlieren, was wir auf keinen Fall hergeben wollen …

> Jedes Mal, wenn du »könnte« sagst, sagst du genau dasselbe, als wenn du sagtest »könnte nicht«.

»Es könnte passieren« heißt erst einmal, dass es nicht passiert ist. Und es heißt, dass es möglicherweise auch gar nicht passiert. Sei also wachsam, wenn du dir etwas ausdenkst, das passieren könnte. Ganz schnell hältst du die Möglichkeit für die Wirklichkeit. Und das tut weder dir noch deiner Gelassenheit gut.
Natürlich könnte alles Mögliche passieren!
Das kannst du sogar als Übung ausprobieren: Stelle dir das Allerallerschlimmste vor. Du wirst feststellen, dass das erstaunlicherweise zu mehr Gelassenheit führt: Denn so schlimm kommt's ganz bestimmt nicht …

VORSICHT KOPFKINO: SELBSTGESPRÄCHE UND INNERE BILDER

Wenn du dir Gedanken machst, tust du das, indem du Selbstgespräche führst, innere Kommentare zum Geschehen abgibst oder innere Bilder erzeugst.

Das sind großartige menschliche Fähigkeiten. Aber sie sind nur dann sinnvoll, wenn du sie bewusst einsetzt. Wenn du mit deinen »inneren Persönlichkeiten« bewusst sprichst, ist das sehr hilfreich. Wenn du meditierst und deine Empfindungen benennst, kannst du sie nachhaltig loslassen. *Innere Bilder, die dich entspannen und dir gute Gefühle schenken, sind etwas Wunderbares.*

Innere Gespräche, die dich davon überzeugen, dass du verzweifelt oder wütend sein musst oder innere Filme, die Schreckensszenarien abspielen – die führst du nicht absichtlich. Sie führen dich. Lasse dich nicht von ihnen beherrschen!

SEI DEIN DREHBUCHAUTOR

Wann immer das Kopfkino damit beginnt, einen schlechten Film abzuspielen: Mache dir bewusst, dass es dein persönlicher Film ist. Und dass du ihn jederzeit ändern oder anhalten kannst.

- Du merkst, dass du negative innere Bilder oder Dialoge abspulst? Dann sage dir innerlich: »Halt!« und sieh dir das, was da abläuft, von außen an. Sage dir: »Ich habe das Drehbuch geändert.«

- Vielleicht herrscht dann erst einmal Chaos in deinem Kopf. Verschiedene Möglichkeiten wollen sich Gehör verschaffen. Mache noch eine Runde: Sage wieder »Halt!« und sieh dir den Moment an.

- Ändere das Drehbuch. Und noch einmal. Sooft du es brauchst.

WAS **ÜBERSEHE** ICH GERADE?

Manchmal ist die Gelassenheit meilenweit entfernt, aber mitunter ist es nur ein winziger Schritt. Vielleicht übersiehst du dein »Ich«. Du machst dir beispielsweise riesige Sorgen um andere und merkst gar nicht, dass du damit Leiden und Unruhe bei dir erschaffst. Du willst mit deinen Sorgen irgendwie das Leid der anderen auf deine Schultern nehmen. Doch das funktioniert nicht. *Sieh mehr auf dich.*
Was tun deine Sorgen mit deinen Gedanken und Gefühlen? Nichts, das dir oder anderen nützt. Ähnlich ist es, wenn dir Wut die Gelassenheit raubt. Du gerätst in einen Strudel der Gefühle, die dich mit sich reißen.

>*»Es gibt nur ein Problem in der Welt:*
>*dem menschlichen Leben wieder*
>*einen geistigen Sinn zu geben.«*

Antoine de Saint-Exupéry

Vielleicht übersiehst du aber auch einfach nur das »Du«. Wenn alle Gedanken und Gefühle immer auf dein »Ich« gerichtet sind, wenn du alles, was du erfährst und erlebst, in Bezug auf deine Befindlichkeit bewertest – dann ist es natürlich unmöglich, einen tiefen inneren Frieden zu finden. Wenn es dir aber gelingt, deinen Standpunkt auch nur für einen kleinen Moment zu verändern, so wirst du sehen, dass du überhaupt nichts verlierst.
Ganz im Gegenteil: *Du erweiterst dadurch dein Selbst, gewinnst an weiteren Handlungsmöglichkeiten und an Gelassenheit. Diese tiefe innere Ruhe tritt dann ein, wenn das Außen und das Innen, Ich und Du, im Gleichgewicht sind.*

SEINE ZIELE IM BLICK BEHALTEN

Es gibt noch viele andere Dinge, die du übersehen könntest, obwohl sie ganz banal und dir völlig klar sind. Beispielsweise, dass es nicht nur Schwarz und Weiß gibt, sondern viele, viele Grautöne. Und Millionen von Farben … Indem du deine Aufmerksamkeit auf Angst, Sorge, Wut oder Leiden richtest, wirst du blind für alles andere, das nicht Angst, Sorge, Wut oder Leid ist. Du kannst also ganz leicht übersehen, dass du jederzeit auch deine Ruhe bewahren könntest.

Und schließlich könntest du leicht das Fernziel übersehen – also das, was dir im Leben wichtig ist. Denn wenn du gerade dein Fernziel, deine Lebensvision, deinen Lebenssinn vor Augen hast, wirst du auf jeden Fall gelassen sein können.

EIGENE DENKMUSTER DURCHSCHAUEN

Es tut ganz gut, seine Gedanken – vor allem jene, die Unruhe stiften – einmal ganz genau zu beobachten.

- Verwendest du in Gedanken oft Wörter wie »schrecklich«, »furchtbar«, »katastrophal« und Ähnliches? Wie steht es mit: »immer« (ich), »alle« (sind gegen mich), »keiner« (liebt mich), »nie« (passiert, was ich will)? Oder den heimlichen Befehlshabern unserer Gedanken, den Wörtern »müssen« und »sollen«?

- Wenn du »katastrophierst«, verallgemeinerst oder einschränkende Glaubenssätze wiederholst, wiederhole den Gedanken und lasse diese Worte weg oder ersetze sie durch andere. Du wirst feststellen, dass sich dabei auch die Gefühle verwandeln.

»Wer aufhört, Fehler zu machen, lernt nichts mehr dazu.«

Theodor Fontane

Ich bin gut,
so wie
ich bin

WERDE DEIN EIGENER
BESTER FREUND

Es tut gut, Zeit mit einem richtigen Freund zu verbringen. Ist es da nicht seltsam, dass wir uns selbst so selten wie einen guten Freund, sondern so oft wie einen schwierigen, anstrengenden Menschen behandeln? Wie sollen wir uns in unserer Haut wohlfühlen, solange wir uns selbst nicht mögen? Es ist unmöglich, heiter und entspannt zu sein, wenn wir ständig gegen uns selbst ankämpfen. Daher ist der freundliche Umgang mit sich selbst einer der wichtigsten Schritte zur Gelassenheit.

> Schließe Freundschaft mit dem wichtigsten
> Menschen in deinem Leben: mit dir selbst.

Weder Wissen noch Können, weder Talente noch viel Geld können dir dabei helfen, Frieden in dir zu finden. Aber Selbstmitgefühl kann es. Und um dieses gute Gefühl zu entdecken, solltest du dich deinem »inneren Freund« zuwenden. Jeder von uns hat diesen Freund, jenen Teil unserer Persönlichkeit, der uns verständnisvoll auffängt, statt ständig an uns herumzunörgeln.

IN KONTAKT MIR DIR SELBST GEHEN

Frage dich einmal: »Gibt es in mir jemanden, der mich mag und mich wirklich unterstützt?« Und dann schließe die Augen und lausche. Entspanne dich so gut wie möglich und spüre der Stimme in deinem Inneren nach, die freundlich zu dir ist. Dies ist eine Möglichkeit, Kontakt zu deinem inneren Freund aufzunehmen. Eine andere besteht darin, dass du dich dir selbst gegenüber wie ein Freund verhältst:

HÖRE DIR ZU WIE EIN FREUND

- Wie bei jedem anderen Menschen wird es auch bei dir Zeiten geben, in denen du dich nicht wohlfühlst, traurig oder wütend bist, das Gefühl hast, versagt zu haben oder wertlos zu sein. Ein richtiger Freund kann gut zuhören, ohne gleich Tipps geben zu müssen. Setze dich an einen ruhigen Ort. Höre dir selbst verständnisvoll zu und akzeptiere es, wenn Probleme da sind. »Ich bin gerade sehr enttäuscht.« So ist das. Du musst es nicht ändern – höre einfach nur gut zu und bleibe dabei.

SCHREIBE DIR SELBST EINEN BRIEF

- Nimm ein schönes Blatt Papier und einen Füller zur Hand und schreibe dir selbst einen Brief, als würdest du dich an einen guten Freund oder eine gute Freundin wenden. Schreibe in der »Du-Form«, bringe in deinen Worten Trost und Wertschätzung zum Ausdruck. Du kannst alle Probleme ansprechen, jedoch nicht um sie zu lösen, sondern um dein Mitgefühl auszudrücken. Du kannst dabei etwa Sätze verwenden, die mit »Ich wünsche dir …« oder »Es ist nicht so schlimm, dass …« beginnen. Stecke den Brief dann in einen Umschlag, lasse ihn einige Wochen liegen und lies ihn später erneut. Achte darauf, wie sich das dann anfühlt.

SICH SELBST **LIEBEVOLL** ANNEHMEN

Wenn du immer nur für andere und nie für dich selbst da bist, bleibst du irgendwann auf der Strecke. Natürlich ist es wichtig, sich um andere zu kümmern, wenn sie Hilfe brauchen. Doch ebenso ist es wichtig, deine eigenen Bedürfnisse ernst zu nehmen, in der Bibel heißt es schließlich auch:

»Liebe Deinen Nächsten wie Dich selbst.«

Gib dir die Erlaubnis, dich so zu mögen, wie du bist. Beginne noch heute, sanfter, freundlicher und nachsichtiger mit dir umzugehen. Aktuelle Forschungen zeigen, dass Selbstmitgefühl oder Selbstfürsorge (engl.: »self-compassion«) Depressionen und Ängsten entgegenwirkt und vor Stress und Burnout schützt. Durch die Praxis des Mitgefühls werden belastende Denkmuster durchbrochen, du kannst optimistischer in die Zukunft blicken und Probleme kreativer lösen. Wenn du lernst, dich selbst zu lieben und ernst zu nehmen, übernimmst du die Verantwortung für dein Leben. Dadurch entwickelst du Ruhe und Gelassenheit und wirst schließlich auch für andere zu einer Quelle des Mitgefühls.

ERLAUBE DIR, GUT FÜR DICH SELBST ZU SORGEN

Vielleicht bist du, was dein Selbstmitgefühl betrifft, etwas aus der Übung gekommen. Als Kinder achten wir noch sehr genau darauf, was wir brauchen. Doch wenn wir älter werden, verlieren wir leicht die Fähigkeit, unsere Bedürfnisse anzuerkennen. Es ist glücklicherweise nie zu spät, die Verantwortung für dein eigenes Wohlergehen zu übernehmen. Finde heraus, was dir wirklich guttäte. Denke einmal in Ruhe darüber nach – oder noch besser: Schreibe eine kleine Liste:

1. Was **schadet** mir?
2. Was **tut mir gut** – was brauche ich?

Versuche, auf jeweils fünf bis zehn Punkte zu kommen. Wenn du bemerkst, dass einige deiner Bedürfnisse, wie etwa nach Auszeiten, mehr Abgrenzung oder Freude, zu kurz kommen, musst du dir deinen Raum womöglich erkämpfen. Es lohnt sich, denn *nur wenn du glücklich bist, kannst du auch andere glücklich machen.*

DU DARFST ...

Menschen machen Fehler. Sie sind nicht vollkommen, treffen nicht immer die richtigen Entscheidungen und auch du musst nicht unfehlbar sein. Übe eine Haltung des Selbstmitgefühls ein, wenn Probleme auftreten. Die folgende Methode ist einfach und hilft dir, dich voll und ganz anzunehmen.

- Wann immer du zum Beispiel einen Fehler gemacht, etwas Dummes gesagt oder einen Wutanfall bekommen hast, unehrlich, unzuverlässig oder »faul« warst, lege die Hände sanft auf deine Brustmitte. Wärme dein Herz, schließe die Augen und sage dir: »Es ist in Ordnung. Ich darf fühlen, was ich fühle. Ich darf sein, wie ich bin. Ich nehme mich selbst liebevoll an.«

»Werde mehr und mehr du selbst und schließlich verliebt sich die ganze Welt in dich.«

Zen-Weisheit

NICHT PERFEKT SEIN WOLLEN

Willst du alles, was du tust, so gut wie möglich machen und dich deinen Aufgaben mit ganzem Herzen zuwenden? Toll! Willst du perfekte Ergebnisse erzielen? Das ist leider weniger toll. Perfekt sein zu wollen ist ganz schön anstrengend, denn in die Sehnsucht nach Perfektion mischt sich immer die Angst, Fehler zu machen. *Perfektionisten geht es nicht um den Weg, sondern um das Ziel, doch so richtig perfekt wird der Endzustand nie sein, da es keinen solchen Endzustand gibt.*

Zwei typische Glaubenssätze von Perfektionisten lauten: »Entweder mache ich es perfekt oder es ist wertlos« und: »Wenn ich es perfekt hinkriege, werden mich die anderen lieben.« Doch beide sind falsch. Es gibt nicht nur Schwarz und Weiß. Und Perfektionismus macht keinesfalls liebenswert – eher im Gegenteil.

Perfektionismus ist eine Quelle nicht endender Unruhe und Frustration. Kein Wunder, dass psychologische Studien ergeben haben, dass Depressionen, Ängste und Burnout bei Perfektionisten besonders häufig auftreten.

SEI EHRLICH ZU DIR SELBST

Wenn du dich traust, der Wahrheit ins Auge zu blicken, wirst du merken, dass du ohnehin nie perfekt sein wirst. Dann darfst du zugeben, dass deine Figur nun mal nicht perfekt, deine Karriere nicht berauschend oder deine Seelenruhe nicht unerschütterlich ist. Du darfst dich im Spiegel anschauen, darfst deine Schwächen sehen und: Du darfst dich trotzdem oder sogar genau deshalb mögen! *Statt angestrengt den Schein zu wahren, kannst du dich ganz gelassen auf das Sein einlassen – mitfühlend, achtsam und mit einem Lächeln auf den Lippen.*

ERLAUBE DIR ZU SCHEITERN

Wie oft fallen kleine Kinder auf die Nase, bis sie laufen können? Ganz schön oft, stimmt's? Ohne Scheitern gibt es keine Entwicklung. Gelassene Menschen scheitern genauso wie gestresste, der Unterschied ist nur: Sie haben keine Angst davor.

Umgekehrt wirst du schnell an Gelassenheit gewinnen, wenn dir bewusst ist, dass Misserfolge genauso zum Leben gehören wie Erfolge. *»Gewinn und Verlust, Ehre und Schande erscheinen in ständigem Wechsel«, sagte Buddha.* Befreie dich also von unrealistischen Erwartungen.

Die Angst vor Fehlern verhindert, dass du dich interessanten Herausforderungen stellst, Risiken eingehst, dich für neue Begegnungen öffnest oder deine Herzensziele verfolgst. Wer nicht wagt, der nicht gewinnt – und sogar Scheitern ist letztlich ein Gewinn, denn Wachstum ist trotz aller Schwierigkeiten besser als Stillstand.

Lasse die Illusion los, perfekt sein zu müssen. Gelassenheit entsteht, wenn du die Dinge so sein lassen kannst, wie sie sind – und sie werden niemals perfekt sein.

VERGLEICHE DICH NICHT MIT ANDEREN

Vergleiche mit anderen Menschen bringen dich auf Dauer um dein Selbstwertgefühl und deine Gelassenheit. Denke immer daran: Du bist einzigartig, unvergleichlich. Es gibt niemanden auf der ganzen Welt, der so ist wie du. Außerdem ist das Leben kein Wettkampf und es geht hier auch nicht darum, der oder die Beste, Schönste oder Schlaueste von allen zu sein. Es wird immer wieder Menschen geben, die erfolgreicher, attraktiver oder intelligenter sind als man selbst, zumindest dann, wenn wir uns – wie so oft üblich – immer nur mit den hervorragenden, positiven Eigenschaften dieser anderen vergleichen.

Höre doch deshalb einfach auf, dich ständig zu bewerten und mit anderen zu vergleichen. Sei einfach du selbst – und dies ganz achtsam und wohlwollend. Wo Liebe ist, erübrigen sich alle Vergleiche.

FREUNDLICHE WORTE PFLEGEN

Worte wirken. Deine Worte haben Macht – sie beeinflussen deine Beziehungen und vor allem die Beziehung zu dir selbst. Worte, die von Herzen kommen, gehen zu Herzen – aber sicher weißt du auch, dass verletzende, beleidigende Worte sich in Körper und Seele wie Gift auswirken können.

Leider gilt dies nicht nur für gesprochene, sondern auch für gedachte Worte. Und da wir viel Zeit damit verbringen, innere Dialoge zu führen, können diese Selbstgespräche gefährlich sein. Sie beeinflussen unsere Stimmungen und entscheiden, ob unser Leben von Stress oder aber von Heiterkeit und Gelassenheit geprägt ist.

> Selbstkritik, mit der du dich selbst verletzt, ist keine
> Tugend, sondern eine Torheit.

EIN KLEINES GEDANKENEXPERIMENT

Lausche deinen eigenen Gedanken vom Aufwachen bis mittags. Zähle mit, wie oft eine innere Stimme dich verurteilt oder abwertet mit: »Was habe ich da nur wieder gemacht?«, »Ich bin so unfähig«, »Was wird XY von mir denken?«, »Du bist faul«, »Du solltest / du darfst nicht / du kannst nicht …«. Zähle auch abwertende Kommentare zu deinem Aussehen oder zu »unerlaubten Gefühlen« dazu.

Die Stimme, die du da hörst, ist die Stimme deines inneren Kritikers. Durch Achtsamkeit kannst du lernen, ihn auch während des Tages immer wieder wahrzunehmen. Dieser innere Quälgeist macht Gelassenheit unmöglich. Dennoch solltest du auch ihm gegenüber gelassen bleiben. Dein innerer Kritiker meint es nicht böse. Er will dich nur davor schützen, von anderen verletzt zu werden, und glaubt offenbar, dass das gelingt, indem er dich dazu bringt, unfehlbar zu sein.

In zwei Schritten kannst du dich aus den Fesseln abwertender Kommentare in deinem Kopf befreien:

1. **Nimm wahr,** welche Worte dein innerer Kritiker gebraucht. **Höre genau hin** – nicht nur auf das, was er sagt, sondern auch auf den Klang der Stimme.

2. **Akzeptiere**, dass ein Teil in dir nun einmal solche Dinge denkt. Doch unterdrücke den Kritiker nicht, sondern **nicke ihm freundlich zu** und sage dir: »Ach, da ist er ja wieder mit seiner Nörgelei.«

Was immer dein innerer Kritiker sagt – es sind nur Meinungen, Glaubenssätze. Problematisch wird es erst, wenn du das nicht bemerkst und negative Denkgewohnheiten daraus werden. Wenn du dir negativer Gedanken bewusst wirst, so halte kurz inne, atme tief aus und frage dich: *»Stimmt das überhaupt? Wer sagt das? Gibt es auch eine andere, freundlichere und positivere Perspektive?«*

Eine andere Möglichkeit, Selbstakzeptanz zu üben, besteht in der einfachen Formel: *»Auch wenn ich Fehler mache / unzuverlässig bin / zu viel Pfunde auf die Waage bringe / mich falsch entscheide / gereizt bin / Neid spüre …, akzeptiere ich mich voll und ganz. Ich darf so sein, wie ich bin!«*

Auch wenn wir gerne anders wären, wir sind einfach nur Menschen, und je früher wir uns so annehmen, wie wir sind, desto unbeschwerter wird unser Leben. Durch liebevolles Selbstmitgefühl kannst du deine Selbstachtung von innen heraus stärken. So lassen sich destruktive Gedanken ab sofort abstellen. Erlerne also die Sprache der Freundlichkeit und beginne damit, deine eigenen Unvollkommenheiten wohlwollend anzunehmen.

DIE **HERZ**MEDITATION

Die Praxis des Selbstmitgefühls, die es dir ermöglicht, die Kraft deines Herzens zu wecken und Frieden mit dir selbst zu schließen, gründet im Buddhismus in der Philosophie der »liebenden Güte«, die in Pali als »Metta« bezeichnet wird.
Es gibt viele verschiedene Formen der Meditation – und alle können dir dabei helfen, gelassener und ruhiger zu werden. Für viele ist die Metta-Meditation jedoch eine besonders schöne Methode, in die Stille zu gehen. Diese Form der Herzmeditation versöhnt dich nicht nur mit dir selbst, sondern sie heilt auch deine Beziehungen zu allen Menschen, die dir begegnen. Man könnte die Herzmeditation auch als »Königsweg zur Gelassenheit« bezeichnen, denn *ein friedvolles Herz ist das stärkste Heilmittel gegen Geistesgifte wie Hass, Gier, Angst oder Unruhe.*
Bei der Herzmeditation werden innerlich kurze, positive Sätze wiederholt. Diese Sätze vermitteln Vertrauen und Geborgenheit, bringen Wohlwollen zum Ausdruck und befreien dich von düsteren Gedanken und Gefühlen. So weit die gute Nachricht. Die schlechte ist, dass du negative mentale Programmierungen nur »überschreiben« kannst, wenn du eine ganze Weile dranbleibst.

DIE PRAXIS DER HERZMEDITATION

Die Anleitung hilft dir, schnell ein Gefühl für diese Art der Meditation zu erfahren. Ein Scheitern gibt es dabei nicht, denn allein die Absicht zu meditieren, genügt. 10 oder 15 Minuten sind ein guter Anfang. Bei der Meditation werden ablenkende Gedanken auftauchen, vielleicht werden Knie oder Rücken vorübergehend wehtun, vielleicht wirst du müde oder unruhig sein – doch all das ist vollkommen in Ordnung. Lasse dich nicht beirren.

- Setze dich aufrecht und bequem hin, schließe die Augen, atme einige Male tief durch und entspanne deinen Körper, so gut es gerade geht. Lasse deinen Atem einfach frei strömen und bringe deinen Geist langsam zur Ruhe. Alle Gedanken sind willkommen – lasse sie wie Wolken kommen und gehen.

- Wiederhole dann gedanklich und ganz langsam und bewusst folgende kurze Sätze, die du mit dem Atem einleitest: Einatmen: »Möge ich ...« – Ausatmen: »... glücklich sein.« Einatmen: »Möge ich ...« – Ausatmen: » ... sicher und geborgen sein.« Einatmen: »Möge ich ...« – Ausatmen: »... entspannt und friedvoll sein.«

- Nachdem du am Ende der drei Sätze angekommen bist, fängst du einfach wieder von vorne an. Mache einige Durchgänge, atme entspannt und versuche, nichts Besonderes zu tun. Ändere dann den Wortlaut folgendermaßen: Einatmen: »Mögen alle Wesen ...« – Ausatmen: »... glücklich sein.« Einatmen: »Mögen alle Wesen ...« – Ausatmen: »... sicher und geborgen sein.« Einatmen: »Mögen alle Wesen ...« – Ausatmen: »... entspannt und friedvoll sein.«

- Wiederhole auch diese Formeln einige Male und entspanne dich körperlich und geistig, so gut es dir im Moment möglich ist.

- Um die Übung zu beenden, richte deine Achtsamkeit auf die Schwere deines Körpers. Atme dann einige Male tief durch, bevor du die Augen wieder öffnest.

»Wer sich Ziele setzt, geht am Zufall vorbei.«

Stefan Zweig

Auch das

geht

vorbei ...

GELASSENHEIT BEGINNT IM **KOPF**

»Nicht die Dinge selbst beunruhigen die Menschen, sondern nur ihre Meinungen und Urteile über die Dinge.« Wenn ein Philosoph wie Epiktet so etwas sagt, winkst du vielleicht ab. Einer, der hauptberuflich »Denker« war, vor 2 000 Jahren lebte, in einer Toga durch die Straßen Roms schlenderte und vom modernen Leben keine Ahnung hatte – was kann der schon über deine Schwierigkeiten wissen?

Na gut, dann gehen wir einmal 2 000 Jahre weiter und sehen uns ein modernes Gebiet der Kognitionsforschung an. Dort geht es um die Zusammenhänge von Gefühlen, Gedanken und Verhalten. Und die Forscher konnten deutlich zeigen, dass es nie die Umstände sind, die unsere Gefühle auslösen. Es sind immer unsere Gedanken! Natürlich denken wir alle irgendwelche Gedanken, aber ganz wichtig ist unser »Denk-Verhalten«, also die Gedanken, die wir regelmäßig »einüben«.

> Die Ideen und Vorstellungen, die wir haben, sind wie eine Brille, durch die wir die Wirklichkeit sehen.

Welche Ideen sitzen denn als Brille auf deiner Nase und sind schuld daran, dass du ausrastest oder aus der Ruhe gerätst? Das ist gar nicht so leicht zu beantworten – denn Hinsehen hilft nichts. Die Brille ist schließlich unsichtbar, wenn du sie durch die Brille ansiehst. Deshalb kannst du sie auch nicht einfach abnehmen. Daher hilft nur eins: *Spüre immer ganz genau hin, was denn geschieht, wenn du dich nervös, wütend oder auch ängstlich fühlst.*

DIE DREI PHASEN HINDERLICHER GEFÜHLE

Und zwar kannst du dir das am besten schon einmal mit einer neuen Idee, einer »Ersatzbrille« ansehen. Durch diese Brille erkennst du, dass es nicht nur Unruhe, Wut oder Angst gibt: Jedes der Gefühle, die verhindern, dass du gelassen bleibst, durchläuft drei Phasen. Die dritte hast du wahrscheinlich nie richtig registriert. *Die drei Phasen sind »das Ankommen«, »das Dasein« und … »das Vergehen«.* Wenn du erkannt hast, dass alle Gefühlsfluten, die dich überrollen, immer wieder auch vergehen, wird es dir viel leichter fallen, Gelassenheit zu bewahren. Denn du weißt dann aus eigener Erkenntnis: *Auch das geht vorbei.*

Die Einsicht ist dir vom Verstand her wahrscheinlich klar. Doch damit es dein ganzes Selbst, auch deine Gefühle verstehen, solltest du die Tatsache des Vergehens selbst erfahren. Am besten wäre es natürlich, wenn du in einer kritischen Situation die Geistesgegenwart hättest, genau hinzuspüren. Doch wenn du das könntest, wärst du ja schon gelassen …

Deshalb begib dich an einen ungefährlichen Ort: in eine kritische Situation in deiner Vorstellung. Stelle dir etwas vor, das dich unruhig, ängstlich oder wütend macht. Und dann spüre genau hin:

1. **Das Ankommen:** Spüre, wie die Unruhe / Angst / Wut hochsteigt. Wie fühlt sich das genau an, woher aus dem Körper kommen die Wahrnehmungen, die Gedanken?

2. **Das Dasein:** Wenn das Gefühl der Unruhe / Angst / Wut spürbar ist, spüre genau hin. Nimm wahr, was das Gefühl mit dir macht. Wie fühlt es sich wirklich an, wütend zu sein – wie fühlt sich der Körper an, was für Gedanken sind die Folge?

3. **Das Vergehen:** Du kannst versuchen, in dem Gefühl zu bleiben, obwohl es unangenehm ist. Doch du wirst feststellen, dass es vergeht. Spüre genau hin, wie das geschieht und wie dein Körper, deine Gedanken und dein Atem darauf reagieren.

EINE FRAGE DER **PERSPEKTIVE**

Es gibt immer einen Standpunkt, von dem das Schöne, Angenehme übel aussieht:

- Die Kollegin hat ein süßes Kind bekommen. – Aber ich habe immer noch keins, wie schrecklich, dass gerade die jetzt Mutter wird …

- Ich habe morgen Geburtstag. – Um Himmels willen, schon wieder älter. Und jetzt muss ich auch noch eine Party geben …

- Ich habe im Lotto gewonnen. – Bestimmt sind jetzt alle neidisch. Dann liebt man mich nur wegen meines Geldes. Und wie soll ich das anlegen?

Auf dich trifft vielleicht keines der Fallbeispiele zu – doch wenn du leicht deine Gelassenheit verlierst, geht es dir prinzipiell genauso. Du stehst dann auf einem Standpunkt, der, um es milde zu sagen, ziemlich ungünstig für dich ist.

»Wenig und viel sind wandelbar wie Geschenke, je nachdem sie der Gebende oder der Empfangende betrachtet.«

Zhuangzi

Frage dich nicht: »Was ist mein Standpunkt?«, sondern: »Wie viele Standpunkte kann ich einnehmen?«
Dann erkennst du schnell, ob du deine Freiheit wirklich ernst nimmst.
Warum bleiben Menschen ausgerechnet dort stehen, wo es ihnen nicht gut geht?

Eigentlich gibt es nur drei Möglichkeiten:

- Sie ahnen nicht, dass oder wie man einen Standpunkt wechseln kann.

- Sie glauben, dass es eine Schwäche wäre, dazuzulernen.

- Sie haben Angst davor, ihren gewohnten Standpunkt zu verlassen.

Du kannst, darfst und solltest deinen Standpunkt wechseln, wenn der, den du gerade hast, dir in irgendeiner Weise Leid verursacht. Das ist keine Schwäche, sondern zeigt, dass du klug bist. Und Angst brauchst du keine zu haben – denn du sollst ja nicht dein ganzes Leben über den Haufen werfen, sondern dann, wenn du aus der Ruhe zu kommen drohst, deine Ruhe, Stärke und Gelassenheit wiederfinden.
Bleibt noch die Frage: »Wie wechsele ich die Perspektive?«
Genauso wie beim Katastrophieren und Negativurteilen. Nur umgekehrt. *Mache aus jedem Drama eine Komödie. Würdige das Gute. Sei dankbar. Mache die Mücken nicht zu Elefanten, sondern lasse die Mücken Mücken sein.* Alles Dinge, an die du vielleicht gedacht hast – das Wichtigste aber ist, diese Dinge auch zu tun …

WIE MAN DURCH BETRUG BEIM SPIEL GELASSENHEIT ERREICHT

Findest du diese Überschrift seltsam? Hier ist auch schon die Geschichte dazu: Emma und Paul spielen abends manchmal das Kartenspiel Maumau – mitunter mit kleinen erotischen oder albernen Einsätzen. Beide sind allerdings nicht die besten Verlierer. Wer von beiden also verliert, bei dem sinkt die Stimmung – dann wird es gefährlich. Wenn der Gewinner sich dann zu sehr freut und noch eine kleine Stichelei hinzufügt, dann kracht's und der Abend ist gelaufen. Emma merkt diesen Zusammenhang als Erste und versucht, etwas dagegen zu tun. Aber sie ärgert sich nun einmal, wenn sie verliert. Da kommt sie auf die Idee, Paul einfach mal gewinnen zu lassen. Er gewinnt und zieht Emma auf, dass er der bessere Spieler sei. Sie lächelt nur. Denn sie hat ja auch gewonnen – sie hat ihr Ziel erreicht: verlieren. So einfach ist das gar nicht; einmal wäre es fast schiefgelaufen. Aber es hat geklappt. Und der Abend ist gelaufen. Aber gut.

HALB SO WILD

Wenn etwas Schlimmes geschieht, füllt es dein Bewusstsein aus. Dann ist es ganz wild. Und das macht dich wild. Oder unruhig oder tieftraurig. Also wäre es doch eine ganz gute Idee, es erst einmal halb so wild zu machen. Und das geht gar nicht so schwer – du musst den Dingen nur einen neuen Rahmen geben.
Bei einem Bild ist es dir vielleicht sofort klar, welche Bedeutung der Rahmen hat. Ob du deinen Picasso zu Hause in einem Gold-, Silber oder Holzrahmen zur Schau stellst, ob der Rahmen verschnörkelt oder schlicht ist – all das hat eine enorme Wirkung. Nicht nur bei einem Picasso.

DER RICHTIGE RAHMEN FÜR INNERE BILDER

Aber nun zurück zu dem, was dich aus der Ruhe bringt: Auch diesen inneren Bildern kannst du einen neuen Rahmen geben. Bestimmt hast du schon mal irgendwann einen Muskelkater gehabt. Vielleicht hast du gejammert und dich schlecht gefühlt. Vielleicht hast du aber so wie die meisten Menschen reagiert: Die Muskeln haben zwar geschmerzt, aber du hast die Schmerzen nicht mit Leiden, sondern mit etwas Positivem verbunden, nämlich damit, dass du sehr fleißig Sport gemacht hast. Hättest du die Schmerzen einfach so bekommen, hättest du sie in einem ganz anderen Rahmen gesehen und dir Sorgen gemacht. Der Rahmen »Sport« macht Muskelkater zur Lappalie. Der Rahmen »Krankheit« verstärkt den Schmerz.

Der Rahmen ändert am Bild selbst nichts. Aber er kann die Wirkung des Bildes völlig verändern. Der Rahmen von Ereignissen entsteht in deinem Kopf.

INTERPRETATIONEN ÄNDERN

Es gibt noch ein paar andere gute »Tricks«, um wilde Emotionen und Selbstgespräche halb so wild zu machen.

- **Beruhigende »Mantras«:** »Egal ...«, »eigentlich gar nicht so wichtig ...«, »auch das geht vorüber ...«, »Es ist, wie es ist ...«

- **Beruhigendes Selbstgespräch:** »Es ist so schrecklich!«, »Ja, doch auch das geht vorüber.«, »Stimmt, aber du bekommst das schon hin.«, »Sieh mal nach, ob du nicht katastrophierst ...«, »Unangenehm, aber das kannst du doch locker aushalten.«

- **Auf Distanz gehen:** Innerlich einen Schritt zurücktreten und das innere Bild der Situation verändern. Mache kurz die Augen zu und stelle dir die Szene in Schwarzweiß und weiter weg vor – und beobachte, wie die Gefühle sich beruhigen.

- **Erkennen, dass man immer eine Wahl hat:** Ganz gleich, wie furchtbar gerade alles ist: Du hast die Wahl zwischen verschiedenen Reaktionen. Vielleicht ist die Auswahl nicht groß und die Auswahlmöglichkeiten alle nicht erfreulich. Doch wenn du erkennst, dass du wählen kannst, wo es langgeht, nimmt das schon eine Menge Stress weg. Denn dann verstehst du, dass du nie musst. Du musst nur, wenn du ... willst. Ein winziger Unterschied, doch genau der, der den Unterschied zwischen Zwang und Freiheit ausmacht.

DIE GEDANKEN **KOMMEN** UND **GEHEN**

Der gegenwärtige Augenblick ist immer der Gipfel, der aus dem Meer unseres Lebens ragt und riesengroß erscheint. Alles andere ist gegenüber diesem Moment relativ unbedeutend. Das ist natürlich einerseits eine Illusion, denn jeder Augenblick ist ein neuer, der alte ist in dem Moment, in dem er bewusst wird, schon wieder vergangen. *Das Allerbeste ist, ganz und gar achtsam im Jetzt zu sein.* Dann gibt es auch keinen Angriffspunkt mehr, an dem dir die Gelassenheit abhanden kommen könnte

Doch das bist du wahrscheinlich selten. Wer ist schon ständig oder auch nur häufig ganz im Hier und Jetzt? Vielleicht Mönche, die das täglich mehrere Stunden üben. Vermutlich hast du aber wenig Lust, Mönch oder Nonne zu werden, obwohl das natürlich hervorragend für die Entwicklung der Gelassenheit wäre. Hier geht es allerdings um Gelassenheit für Anfänger, nicht für weit, weit Fortgeschrittene. Also sehen wir uns mal an, was in unserem Alltag geschieht.

DER GROSSE AUGENBLICK

Der Augenblick ist überragend – das ist er immer. Also kommt es sehr darauf an, was man damit anfängt. Wenn man gerade Sorgen, Ängste oder Wut hat, füllen sie den Moment mit unangenehmen Gefühlen. Und meist kommen vor den Gefühlen erst einmal bestimmte Gedanken.

Der »Trick«, den du lernen musst, um Gelassenheit zu erreichen, besteht nicht darin, etwas ganz Besonderes zu tun, im Gegenteil. *Halte es aus, einfach gar nichts zu tun. Vor allem aber halte nicht an negativen Gedanken fest.* Wenn es dir gerade gut geht, wirst du das wahrscheinlich völlig selbstverständlich finden. Wenn es dir aber einmal nicht so gut geht und erst einmal die negativen Gedanken aufgetaucht sind, ist es oft gar nicht so leicht, sie wieder gehen zu lassen. Aber das Gute daran ist: *Unangenehme Gedanken gehen von selbst* – wenn du sie lässt.

GEDANKEN ZIEHEN LASSEN

Das Ziehenlassen der Gedanken ist etwas, das erstaunlich schwerfällt. Gerade unangenehme Gedanken sind sehr »klebrig«. Vielleicht fragst du dich, woher das wohl kommt. Gerade Unangenehmes, das dich aus der Ruhe bringt, würdest du doch eigentlich gern loswerden. Genau da liegt das Problem: Die Gedanken, die du gerne weiterziehen lassen würdest, behältst du im Kopf, solange du dich auf sie konzentrierst – und auch dann, wenn du diese Gedanken nicht magst und denkst, dass sie endlich Ruhe geben sollen, damit du nicht aus der Ruhe gerätst, konzentrierst du dich auf sie. *Gedanken, die du ganz fest nicht haben willst, hast du nur ganz fest. Daran zu denken, dass du etwas nicht denken willst, ist so, wie sich etwas anzusehen, das man nicht sehen will.*

FÜNF FRAGEN FÜR SCHWERE ZEITEN

Und nun? Was kannst du stattdessen tun?
Auf Dauer besteht die beste Möglichkeit darin, einfach hinzusehen, was die Gedanken tun – und die Erfahrung zu machen, dass sie in der Regel von selbst wieder verschwinden. Manchmal geht das nicht, weil es dich einfach zu sehr belastet oder vielleicht auch, weil es dir an Ruhe und Geduld fehlt. Dann probiere das Zweitbeste: Richte deine Gedanken ganz bewusst auf etwas anderes – etwas, das deine ganze Aufmerksamkeit erfordert.

Beispielsweise auf ein paar einfache Fragen …

- Was genau ist im Augenblick so belastend?

- Was kann im schlimmsten Fall passieren?

- Ist das wahrscheinlich?

- Was kann ich jetzt tun oder ändern?

- Welche Bedeutung wird das Ereignis in einem Jahr haben?

VOM GROSSEN **GLÜCK** DER **VERGÄNGLICHKEIT**

Dass die Dinge vergehen, hören wir heutzutage gar nicht gern. Alles sollte neu, jung, up to date und frisch sein. Ärgerlich nur, dass sich weder der eigene Körper noch irgendetwas anderes an diesen Wunschtraum hält. *Alles, was ist, ist auch vergänglich.* Selbst Bäume, die ein paar tausend Jahre alt werden, fallen irgendwann. Sogar die Sterne, die Milliarden Jahre alt werden, vergehen. *Ist das traurig?* Nimm mal einen anderen Blickwinkel ein. Was wäre, wenn nichts verginge? Wenn alle Lebewesen unsterblich wären? Stelle dir das kurz, aber bitte nur ganz kurz vor – denn du siehst sofort, dass das eine Horrorvision wäre. *Was geboren wird, wird auch wieder vergehen – und das ist gut so.*

Was ebenfalls vergeht, das sind alle unangenehmen, belastenden oder sogar katastrophalen Dinge. Wenn es schlimm aussieht, kann dir nichts durch einen Zaubertrick die Wut, Angst oder Trauer nehmen. Doch die Zeit kann es. Und wenn du das weißt, kannst du selbst mit dem Schlimmsten einigermaßen zurechtkommen. *Dass alles vergeht, ist dann auch noch Trost, wenn dich nichts mehr trösten kann.*

GEDULD, NUR GEDULD

Das »Es geht vorbei«-Mantra erfordert Geduld. Vielleicht hast du keine oder wenig Geduld. Das ist verständlich. Wer möchte nicht gern alles Gute sofort haben und alles Unangenehme sofort loswerden? Doch vielleicht hilft es dir zu wissen, dass du im schlimmsten Fall mit Geduld fast alles überwinden kannst.

Geduld ist die Fähigkeit, den Augenblick nicht auszudehnen. Auszuhalten, dass nicht alles genau so abläuft, wie du das gerne hättest. Sie zu üben ist natürlich eine Herausforderung. Gerade in den Augenblicken, in denen dir der Geduldsfaden reißt, ist es gut zu wissen, dass auch das vorbeigeht. Sogar die Ungeduld geht vorbei. *Ungeduld bedeutet, einen Moment für die Ewigkeit zu halten.* Wenn du einen Garten hast und ungeduldig an den Blättern der Bäume zupfst, damit sie schneller wachsen, wirst du absolut nichts bewirken – höchstens, dass die Blätter abfallen. Dein Garten wird durch Ungeduld weder schneller erblühen noch schöner werden. So ist es auch mit dem Garten deiner Gefühle. Wenn du dir zu sehr wünschst, dass deine unangenehmen Gefühle vergehen, sorgst du damit kein bisschen dafür, dass das auch geschieht. Eher dauert es länger, wenn du ungeduldig bist, lamentierst, klagst, tobst … All das vergeht. Die Ungeduld, das Lamentieren, das Klagen, das Toben – vor allem aber auch das, was es ausgelöst hat.

»Der Gedanke an die Vergänglichkeit
aller irdischen Dinge ist ein
Quell unendlichen Leids – und
ein Quell unendlichen Trostes.«

Marie von Ebner-Eschenbach

EINFACH SPIELEN

Deine Gefühle, dein Denken und dein Verhalten werden ruhiger, wenn es dir gelingt, das Drama in ein Spiel zu verwandeln. Im ersten Moment scheint das vielleicht unmöglich. Doch gerade in sehr schwierigen Situationen kann es dir durchaus helfen, ein wenig mehr Ruhe zu bewahren, wenn du dir bewusst machst, dass das Leben tatsächlich wie ein Spiel ist. Irgendwann ist es zu Ende – und da du es ohnehin spielst, kannst du auch versuchen, möglichst gut zu spielen. *Aber selbst wenn du das nicht tust, bleibt das Leben doch nur ein Spiel.* Betrachte das Leben als Spiel – und nimm das Spiel nicht zu ernst!

»Erst wenn ein Mensch weiß,
was er nicht tun soll, wird er zu
sinnvollem Tun fähig sein.«

Chinesische Weisheit

VON DER **KÜRZE** DES LEBENS

Lucius Annaeus Seneca, der vor rund 2 000 Jahren gelebt hat, gehört zu den bedeutendsten Philosophen, der über die Lebenskunst nachgedacht hat. Zum Thema Gelassenheit finden sich in seinen Texten »Von der Gemütsruhe« und »Von der Kürze des Lebens« viele interessante, inspirierende Anregungen. Auch hier dreht es sich um die Kürze des Lebens – denn wer von uns leidet nicht zumindest gelegentlich darunter, unter Zeitdruck zu stehen?

Seneca meint, dass es uns wenig bringt, uns über die Kürze unseres Lebens zu beklagen. Wir leben nicht ewig; und auch wenn viele von uns sich so verhalten, als wären sie unsterblich, so wissen wir doch alle, dass wir's nicht sind. Was können wir also tun? *Gibt es einen Weg, auch in Anbetracht der eigenen Vergänglichkeit und der scheinbar allgegenwärtigen Zeitnot gelassen zu bleiben?* Ja – den gibt es. Der Punkt dabei ist, dass wir lernen, unsere Zeit zu nutzen statt zu verschwenden.

»Fange jetzt zu leben an und zähle jeden Tag als ein Leben für sich.«

Lucius Annaeus Seneca

Zwei einfache Erkenntnisse können dir helfen, ab heute zu einem wahren Meister der gelassenen Lebenskunst zu werden:

- **Du hast nicht ewig Zeit** – nutze sie also gut!

- **Du hast alle Zeit der Welt** – lasse dich also nicht hetzen!

Wie bitte? Behaupten die beiden Aussagen nicht das genaue Gegenteil? Auf den ersten Blick sieht das natürlich so aus – doch schauen wir einmal genauer hin:

1. DU HAST NICHT EWIG ZEIT – NUTZE SIE ALSO GUT!

Die durchschnittliche Lebenserwartung liegt hierzulande bei gut achtzig Jahren. Ob wir früher oder später sterben, hängt von vielen Faktoren ab, doch eines kann man ganz klar sagen: Wir leben nicht ewig. Und da wir unser Leben zwar relativ einfach verkürzen, aber nicht wesentlich verlängern können, bleibt nur die Möglichkeit, *es zu vertiefen – zu intensivieren.*

Wofür willst du Zeit aufwenden? Was ist dir wirklich wichtig? Welche Entscheidungen können dir helfen, dich auf das Wesentliche zu konzentrieren? Wie kannst du dafür sorgen, dass du mehr Zeit für dich selbst gewinnst? Gibt es einige Dinge oder Situationen in deinem Leben, bei denen du »Ohne mich!« sagen solltest? Besser, als gehetzt und oberflächlich zu leben, ist es, das Leben auszukosten. Und noch besser ist es, heiter und gelassen zu leben und jeden Moment zu genießen. Spüre daher einmal in dich hinein, ob du Zeit verschwendest. Wirf einen genauen Blick auf dein Zeitmanagement, deine Terminplanung und deine Prioritäten und habe den Mut, einige überfällige Entscheidungen zu treffen, wenn es nötig ist. *Alles, was dich freier macht, macht dich auch gelassener.*

2. DU HAST ALLE ZEIT DER WELT – LASSE DICH NICHT HETZEN!

Zeitmanagement ist wichtig, um seinen Alltag gut zu organisieren, keine Frage. Doch in gewisser Weise ist Zeitnot immer auch eine Illusion. Tatsächlich kannst du nur eine Sache zur gleichen Zeit machen und nur an einem Ort sein. Natürlich kannst du dich im Kopf ständig woanders aufhalten – etwa bei dem, was noch alles zu erledigen ist. Die Entscheidung »Ohne mich!« heißt auch, dass du nicht nur überflüssiger Geschäftigkeit, sondern auch den Zerstreuungen deines Geistes eine Absage erteilst. Mit dieser Einstellung gibt es keine Zeitverschwendung mehr – auf einmal wird alles einfach und sinnvoll.

MUSS **ICH** DAS MACHEN?

Der Schüler kommt zum Meister. *»Ach, was soll ich nur tun? Ich weiß gar nicht, wo ich anfangen soll. Mein Onkel ist krank und ich muss ihn besuchen. In der Bibliothek müssen die Bücher geordnet werden. Das Dach muss ausgebessert werden. Und Tag für Tag all die anderen Pflichten … Wie soll ich das nur alles schaffen?«* Der Meister lächelt ihn freundlich an, trinkt einen Schluck Tee und antwortet: *»Ja, mein Lieber, und dabei hast du noch so viel vergessen: Nester für die Vögel bauen, Nektar für die Bienen sammeln, alle Hungrigen speisen und im Fluss die Steine forträumen, damit er leichter fließen kann …«*

DAS LEBEN ALS TO-DO-LISTE

In unserem Alltag herrscht so viel Stress! Was wir nicht alles tun müssen … Doch solange wir unser Leben mit einer To-do-Liste verwechseln, werden wir weder Ruhe noch Gelassenheit finden, denn diese To-do-Liste wird leider nie enden. Natürlich weißt du, dass es sich besser anfühlen würde, wenn es nicht so viel zu erledigen gäbe. Doch solange du im »Erledigungsmodus« steckst, hast du keine Zeit, darüber nachzudenken, ob wirklich du es bist, der das alles tun muss.

Es gibt Dinge, die du tatsächlich tun musst: Nur die Dinge, die dir sehr wichtig sind, die kein anderer für dich tun kann und die zudem keinen Aufschub dulden, musst du wirklich tun. Alles andere hat Zeit.

Doch worauf treffen diese Bedingungen wirklich zu? Schauen wir uns das mal an:

- Ist das, was du tun musst, **dir** wirklich wichtig? So wichtig, dass du dafür bereit bist, Ruhe und Wohlbefinden zu opfern?

- Kann es wirklich **niemand anders** tun? Bist du der Einzige, der das tun kann? Im Ernst?

- Muss es **sofort** sein? Verpasst du einen ganz wichtigen Augenblick? Ist dieser Moment so wichtig, dass du dafür anderes aufzugeben bereit bist?

Vielleicht möchtest du diese einfache Methode gleich einmal ausprobieren. Denke an etwas Alltägliches, dass du unbedingt »erledigen musst« – etwa ein Telefonat, Briefe zur Post bringen, einen bestimmten Menschen besuchen … Nun stelle dir die drei Fragen:

1. Ist mir das wirklich sehr wichtig?
2. Kann es wirklich niemand außer mir tun?
3. Muss es jetzt sofort sein?

Es gibt zwei einfache Gründe dafür, warum wir immer wieder in die Stressfalle tappen und unsere innere Ruhe gefährden:

Der erste liegt darin, dass Menschen ihre Welt nun einmal gerne kontrollieren wollen. Und je mehr du selbst tust, desto mehr hast du das Gefühl, die Dinge im Griff zu haben. Der zweite Grund ist: *Wir wollen immer das Gefühl haben, gebraucht zu werden und wichtig zu sein.*

Das Gegenmittel zu Überlastung und Unruhe ergibt sich aus diesen beiden Gründen. Was die Kontrolle betrifft, bedenke: Du kannst ohnehin viel weniger kontrollieren, als du vielleicht glaubst. Das Leben lebt von ganz alleine. Es tut, was es will. Und das Beste, was du tun kannst, ist zu vertrauen, denn je mehr du loslässt, desto mehr wirst du gewinnen. Und was das »Gebrauchtwerden« betrifft: *»Wer braucht dich mehr als du dich selbst? Welcher Mensch sorgt für dich, wenn du es nicht tust?«*

*»Wer unterscheiden kann, worauf es
beim Tun ankommt, erkennt das
Wichtigere und das Unwichtigere.«*

Lü Buwei

DIE BEFREIENDE MACHT DES »NEIN«

Gelassenheit ist die Frucht innerer Freiheit. Solange die Sklaventreiber noch hinter dir her sind, wird es dir kaum möglich sein, wirklich Ruhe und Frieden in dir zu finden. Doch du kannst dich jederzeit befreien. Wenn du dich dafür entscheidest, künftig unbeschwerter und gelassener zu leben, so heißt das allerdings auch, dass du dich gegen etwas entscheiden musst. Und das heißt, dass du dich trauen musst, »Nein« zu sagen, wenn es angebracht ist.

Natürlich gibt es Situationen, in denen wir keine Wahl haben. Beispielsweise können wir im Beruf nicht so ohne Weiteres »Nein« sagen – aber es ist schon eine Befreiung zu erkennen, dass wir es selbst da tun könnten und »Ja« sagen, weil wir uns dafür entscheiden. Doch es bleiben noch sehr viele andere »Sklaventreiber« übrig. Diese Tyrannen tragen zwar keine Peitsche mit sich, doch sie stehlen uns die Zeit und hetzen uns durchs Leben. Sie legen uns keine äußeren, dafür aber innere Ketten an. Daher sollten wir ihnen mit einem entschiedenen »Nein« begegnen.

Sage »Nein« zu allem, was sich zwischen dich und die Erfüllung deiner wahren Bedürfnisse stellt.

Auf der Suche nach der verlorenen Zeit stellt sich die Frage, ob das, womit wir sie verbringen, uns nützt oder eher schadet. Erst dann können wir dazu übergehen, Ballast abzuwerfen, indem wir öfter sagen: *»Nein – ohne mich!«*

ZEITFRESSER UND UNWESENTLICHES ENTLARVEN

Zu den Zeitfressern, die Seneca im alten Rom angeprangert hat, gehören sinnlose Tätigkeiten wie das Betrachten von Wettkämpfen, das Sammeln von Gegenständen oder unnützem Wissen, Genusssucht, Orgien und jede Form von stumpfsinnigem Zeitvertreib. Allesamt führen sie dazu, dass die Menschen *»ihre Gegenwart verträumen, statt sich der Weisheit zu widmen«*.

Heute tragen die Zeitfresser andere Namen – doch ob wir den Nachmittag in der Arena oder vor dem Fernseher verbringen, ist im Prinzip kein großer Unterschied. Deine Zeit ist begrenzt. Überlege gut, wie du sie einsetzen willst. Hier sind einige typische Zeitfresser – gut möglich, dass der eine oder andere auch dir deine wertvolle Zeit stiehlt:

- Fernsehen

- E-Mails schreiben und beantworten

- im Internet surfen

- die meisten Aktivitäten in »sozialen« Medien

- Dauertelefonate

- unkonzentriertes Arbeiten mit ständigen Ablenkungen wie Putzen, Aufräumen, Telefonieren oder Essen (holen)

- Nachrichtenkonsum; dazu schreibt der Franzose Marcel Proust, der Autor des Klassikers »Auf der Suche nach der verlorenen Zeit«: **»Was ich den Zeitungen vorwerfe, ist, dass sie uns alle Tage auf unbedeutende Dinge aufmerksam machen …«**

Wenn du schließlich gelernt hast, zu unwesentlichen Dingen immer wieder »Nein« zu sagen, kannst du dich gelassen dem wirklich Wesentlichen widmen. Dann kannst du beispielsweise mehr wertvolle Zeit mit dir selbst verbringen, deine Herzensziele und Visionen verwirklichen oder auch einem geliebten Menschen deine Zeit schenken und ihn und dich damit glücklich machen.

ABGRENZUNG AUS
MITGEFÜHL

Wir leben nicht alleine auf diesem Planeten – zum Glück, denn das wäre ganz schön langweilig. Andererseits können unsere Mitmenschen manchmal sehr fordernd und belastend werden. Vor allem dann, wenn *»immer alle irgendwas von mir wollen«.* Vielleicht hast du's gemerkt: Das war ein typischer Glaubenssatz, denn natürlich wollen andere nicht »immer« etwas von dir, und schon gar nicht »alle«. Dennoch – mangelnde Gelassenheit taucht oft dann auf, wenn das Gefühl entsteht, von anderen überrumpelt oder überredet zu werden.

SICH SELBST GEGENÜBER KLAR UND FREUNDLICH SEIN

Die meisten Leute meinen es nicht böse mit dir. Auch sie haben ihre Bedürfnisse und wollen, dass du ihr Leben angenehmer machst. Verkäufer möchten ihre Produkte loswerden, deine Schwiegermutter will mit dir Weihnachten feiern; dein Partner, deine Kinder und Freunde – sie alle wollen eben ihren Teil abhaben. Das ist in Ordnung. Problematisch wird das für dich erst dann, wenn du nicht »Nein« sagen kannst, obwohl du es eigentlich solltest. Und gerade dann, wenn andere subtilen Druck ausüben, bei dir Schuldgefühle auslösen oder dich schmeichelnd manipulieren wollen, ist ein klares, freundliches »Nein« die einzige Rettung.

Wenn du immer »Ja« sagst, verliert deine Zustimmung an Bedeutung. Erst durch die Möglichkeit, dass du »Nein« sagst, bekommt dein »Ja« Kraft.

Falls du sehr harmoniebedürftig bist, Konflikte scheust und zum Typ »Everybody's Darling« gehörst, ist es sicher schwierig für dich, dich abzugrenzen. Doch schon dabei kannst du Gelassenheit üben, indem du negative Denkmuster durchbrichst:

- »Wenn ich ›Nein‹ sage, habe ich **Angst, nicht geliebt zu werden.**« Du kannst gelassen bleiben, wenn du erkennst, dass die, die dich nicht so lieben, wie du bist (mit deinen Grenzen), dies ohnehin nicht wirklich tun.

- »**Ich werde doch von den anderen gebraucht.**« Du bleibst gelassen, wenn du einerseits weißt, dass du sowieso niemals alles für alle tun kannst, und andererseits erkennst, dass es jemanden gibt, der dich besonders dringend braucht: du selbst!

- »Wenn ich mich abgrenze, habe ich **das Gefühl, ein Egoist zu sein.**« Nur wer seine Bedürfnisse kennt und sich selbst treu ist, kann auch für andere Mitgefühl entwickeln – das zeigen sogar wissenschaftliche Studien. Ein gesundes Selbstwertgefühl ist daher nie egoistisch.

Du hast das Recht, dich zu schützen. Um du selbst sein zu können, musst du deine Grenzen kennen und diese auch zeigen. Grenzen zu setzen heißt nicht, Mauern um sich zu errichten. *Grenzen sind durchlässig. Abgrenzung ist mitfühlend,* und zwar auch in Bezug auf dich selbst. Bevor du also »Ja« sagst, beherzige einige Punkte:

- **Entscheide nicht sofort.** Nimm dir etwas Bedenkzeit.

- **Denke über die Folgen nach:** Wie viel würde dich ein »Ja« kosten?

- **Höre auf dein Bauchgefühl.** Willst du das wirklich machen?

- Wenn du »Nein« sagen willst, dann musst du deshalb nicht grob werden. Sprich auf sanfte, freundliche Art und **begründe deine Entscheidung ehrlich und klar.**

- **Rege dich nicht auf,** wenn du es mal nicht geschafft hast, »Nein« zu sagen – es geht um deine Gelassenheit.

TUE, WAS DU WIRKLICH **LIEBST**

Was hat die Fähigkeit, lohnende Ziele zu finden und sie zu verwirklichen, mit Gelassenheit zu tun? Warum sollten wir lernen, immer öfter das zu tun, was wir wirklich tun wollen? Ganz einfach: weil unsere Energie begrenzt ist.

Falschen Zielen hinterherzulaufen kostet viel Energie. Wenn wir nur handeln, weil wir nach Anerkennung suchen, Bedürfnisse anderer erfüllen oder »das Geld brauchen«, werden wir bald frustriert und verwirrt sein. Und sich ziellos treiben zu lassen führt auch nicht zu mehr Gelassenheit, sondern zu Zerstreuung, Unsicherheit und somit ebenfalls zu Energieverlust.

> *»Wenn ein Seemann nicht weiß, welches*
> *Ufer er ansteuern muss, dann*
> *ist kein Wind der richtige.«*

Lucius Annaeus Seneca

Solange du den Stürmen des Lebens wie eine Nussschale auf der wogenden See ausgesetzt bist, ist es dir unmöglich, in deiner Mitte zu ruhen. Gehisste Segel und ein klarer Kurs ermöglichen es dir hingegen, entspannt zu leben und ganz ohne Stress über die Wellen zu segeln.

Johann Wolfgang von Goethe schrieb, *dass wir am sichersten ans Ziel kommen, wenn wir uns »dem Notwendigen widmen«.* Um herauszufinden, was für dich wirklich notwendig ist, kannst du einmal darüber nachdenken, wie viele überflüssige Ziele du verfolgst.

Wie oft sagst du »Ja«, obwohl du eigentlich »Nein« sagen müsstest?

MEINE HERZENSZIELE

Statt nur zu funktionieren, solltest du herausfinden, was dir wirklich wichtig ist. So wichtig, dass du bereit bist, dafür Zeit und Mühe zu investieren. Was sind deine Herzensziele?

- **Was ist dein Ziel?** Egal, ob du Klavier spielen lernen, den Job wechseln, etwas Bestimmtes lernen oder erleben willst – je klarer du dein Ziel kennst, desto besser. Formuliere positiv, was du willst, und setze dir einen klaren Zeitrahmen.

- **Passt dein Ziel zu deinen Werten?** Herzensziele sollten immer mit deinen Werten harmonieren, mit den Qualitäten, die dir besonders wichtig sind. Dazu gehören Begeisterung, Einfachheit, Freiheit, Mut, Gerechtigkeit, Kreativität, Bildung, Liebe ...

- **Welche Mittel brauchst du, um dein Ziel zu erreichen?** Prüfe ehrlich deine Möglichkeiten: Verfügst du über die notwendigen Ressourcen? Um manche Ziele zu erreichen, brauchst du Geduld, für andere musst du dich abgrenzen können oder auch Opfer bringen.

- **Was sagt dein Bauch?** Stelle dir lebhaft vor, wie du dein Ziel erreicht hast. Träume. Schwärme. Lasse deine Fantasie frei. Mache dir ein detailliertes inneres Bild davon, wie sich dein neues »Du« anfühlt, wenn das Ziel erreicht ist. Was sagt dein Bauchgefühl jetzt? Und: Gehe ich wirklich, wohin mein Herz mich führt?

»Das Glück deines Lebens
hängt von der Beschaffenheit
deiner Gedanken ab.«

Marcus Aurelius

Füttere
den weißen
Wolf

DEM **GUTEN** IN SICH **NAHRUNG** GEBEN

Ein alter Medizinmann der Cherokee-Indianer sitzt mit seinem kleinen Enkel Moki am Feuer. Die Sterne strahlen, das Feuer prasselt und beide schauen lange schweigend in die Flammen. Schließlich lächelt der Alte seinen Enkel an und erzählt ihm die Geschichte von den zwei Wölfen:

»Weißt du, Moki, in unserem Herzen leben zwei Wölfe. Der schwarze Wolf bringt uns Unruhe, Hass, Angst, Kampf und böse Träume. Der weiße Wolf füllt unser Herz mit Ruhe, Liebe, Vertrauen und Frieden. Und immerzu kämpfen diese beiden Wölfe gegeneinander – Tag für Tag.«

Der Enkel blickt ins Feuer und denkt darüber nach, was sein Großvater gesagt hat. Schließlich fragt er: *»Großvater – und welcher von beiden wird gewinnen?«*

Der alte Indianer schweigt eine Weile, dann antwortet er: *»Der, den du fütterst, Moki – der, den du fütterst.«*

DIE EIGENE HANDLUNGSFREIHEIT ZURÜCKGEWINNEN

Welchen Wolf willst du in deinem Herzen füttern – den weißen oder lieber doch den schwarzen? Wenn du die Geduld verlierst, atemlos von Termin zu Termin hetzt oder Ärger mit deinem Partner, deinen Kindern oder deinem Chef hast, wirst du wahrscheinlich das Gefühl haben, dass die Dinge nicht wirklich rundlaufen und dass das Leben gegen dich ist. Im Grunde geht es jedoch gar nicht um die Frage, was das Leben mit dir macht, als vielmehr darum, welche Kräfte du dem, was geschieht, entgegensetzen kannst. Und das hängt wiederum sehr davon ab, welchen »Wolf« du fütterst.

Denn ganz gleich, was für Schwierigkeiten auch immer im Leben auftauchen mögen: Niemand auf der Welt kann dich dazu zwingen, in diesem Moment die Nerven zu verlieren. Der Einzige, der so etwas schaffen kann, bist du selbst beziehungsweise der »schwarze Wolf« in dir.

Immer wenn du dich selbst und andere aus ganzem Herzen annimmst, fütterst du den weißen Wolf und nährst das Gute in dir.

Gelassenheit lässt sich nicht dadurch entwickeln, dass du dir wünschst, gelassener zu sein. Natürlich ist der Wunsch die Voraussetzung, damit du dich überhaupt einmal auf den Weg machst. Doch am Ende zählt nur der Weg. Wie sieht er aus? Wie füttert man den weißen Wolf in seinem Herzen oder mit anderen Worten: Wie kannst du aktiv dazu beitragen, mehr Ruhe und Freude in dein Leben zu bringen? Mit Willenskraft schon einmal nicht, denn durch Kämpfen bewirkst du nur das Gegenteil dessen, wonach du dich sehnst. Positive Veränderungen, ob im Denken oder Handeln, lassen sich nur auf sanfte, achtsame Weise bewirken – nicht mit der Brechstange, sondern mit einem offenen, wachen Geist.

DAS POSITIVE IN SICH NÄHREN

Der weiße Wolf ist ein Symbol für die guten Kräfte in deinem Herzen. Und daher brauchst du natürlich kein äußeres, sondern »inneres Futter« für ihn. Wenn du das Positive in dir nähren willst, hilft es dir nicht, deine Umgebung zu verändern: Eine bessere Wohnung, ein besserer Partner, ein besserer Job – all das kann zwar mitunter befreiend sein, doch *wirklich frei wirst du erst, wenn du die Dinge im Außen einfach so lassen kannst, wie sie sind.* Der Wunsch, dass deine Umwelt anders sein soll, als sie ist, bringt dich nicht weiter. Du kannst natürlich damit hadern, du kannst schlechte Laune bekommen, du kannst anderen die Laune verderben – doch dadurch werden die Dinge ja eher schlimmer als besser.
Hingegen kann schon eine kleine Veränderung deines Blickwinkels dir helfen, die ganze Welt zu verzaubern und all das loszulassen, was dich unglücklich macht.

BLUMEN STATT UNKRAUT GIESSEN

Wir sind Zauberer und wissen es nicht.

Jeder von uns hat die Macht, Himmel oder Hölle zu erschaffen – auch du. Mit jeder kleinen Handlung, mit jedem Wort oder Gedanken erschaffst du deine Welt. Ganz egal, wie dein Leben im Moment aussehen mag: *Wenn du es willst, kannst du sogar Brachland in einen blühenden Garten verwandeln.*

SICH AUF DAS GUTE AUSRICHTEN

Es gibt viele Möglichkeiten, dein Leben positiv zu gestalten. Achtsam zu sein, loszulassen und zu akzeptieren, was passiert, ist nur eine. Eine andere besteht darin, dass du dich bewusst auf das Gute ausrichtest – und natürlich lassen sich beide Wege auch miteinander kombinieren. Positives Denken ist nur dann hilfreich, wenn es von Achtsamkeit durchdrungen ist. Sich einfach nur dreimal täglich vorzusagen, dass alles bestens ist, hieße nur, sich selbst zu belügen.

Wenn du wirklich in Kontakt mit der Schönheit in deinem Leben kommen willst, musst du vermehrt auf das Schöne achten. Es ist immer greifbar, du musst es dir nicht erst »ein-bilden«. Oder um mit Goethe zu sprechen: *»Lerne nur das Glück ergreifen, denn das Glück ist immer da.«*

Werde zum Gärtner deines Seelen-Gartens. Bringe Samen aus, die bunte Blumen erblühen lassen. Gieße die Beete, aber vergiss auch nicht, das Unkraut zu jäten.

DIE BLUME DER DANKBARKEIT

Glücksforscher konnten zeigen, dass es einen einfachen Weg gibt, um Zufriedenheit, Heiterkeit und Gelassenheit zu erlangen: *Bringe die Blume der Dankbarkeit in deinem Leben zum Erblühen!*

Leider sehen wir vieles als selbstverständlich an. Die Folge ist, dass wir undankbar und unzufrieden werden. Doch wir können lernen, den kleinen Wundern, die uns täglich begegnen, wieder mehr Wertschätzung entgegenzubringen.

Je dankbarer du bist, desto zufriedener wirst du dich fühlen und desto sinnvoller wird dir das Dasein erscheinen. Dazu brauchst du weder ein neues Auto noch ein Marmorbad: *Dankbar zu sein erfordert nämlich lediglich, sich auf das Schöne auszurichten und das, was uns so oft selbstverständlich erscheint, als wertvoll zu erkennen.*

Dankbarkeit verstärkt die Achtsamkeit. Sie hilft dir, die Dinge in deinem Leben zu akzeptieren und gelassener zu werden. Und das Gute ist, dass du nicht nur im Augenblick, sondern auch noch im Nachhinein dankbar sein kannst.

JEDEN TAG EIN STÜCK DANKBARKEIT ENTWICKELN

Es gibt eine effektive und bewährte Methode, um Dankbarkeit zu entwickeln und deinen Geist von Stress zu befreien: Denke jeden Abend kurz vor dem Einschlafen an fünf Dinge, die du heute erlebt hast und für die du dankbar bist. Das können ganz einfache Sachen sein, wie die Tatsache, dass du eine warme Mahlzeit essen konntest, dir der Cappuccino geschmeckt oder die Sonne geschienen hat. Oder dass du mit einer Freundin telefoniert hast und dass es sie überhaupt gibt.

Falls dir spontan nichts einfällt, dann frage dich, was es Schönes in deinem Leben gibt oder welche Dinge du vielleicht als allzu selbstverständlich nimmst. Oder überlege, wie es dir im Vergleich zu Menschen geht, die in Krisengebieten leben.

Du kannst Dankbarkeit aber nicht nur im Rückblick, sondern auch im Hier und Jetzt entwickeln. Ob du im Warmen sitzt, eine Tasse Tee trinkst, ein Kind lachen siehst, die Blätter in den Bäumen rascheln hörst oder frisches Brot vom Bäcker holst – nimm den Moment mit allen Sinnen achtsam wahr und danke innerlich für die kleinen Geschenke, die dir das Leben so oft macht.

HEILSAME GEDANKEN DENKEN

Dein Geist entscheidet darüber, wie du die Welt wahrnimmst. Bist du verwirrt, so scheint alles verwirrend. Sind deine Gedanken unruhig, so fühlst du dich nervös und dein Alltag wird unruhig. Wenn dein Geist hingegen klar und weit ist, stehen dir alle Möglichkeiten offen. Auf dem Weg, der dich aus der Stressfalle führt, kommt deinem Denken eine enorme Bedeutung zu. Wenn du gelassener sein willst, zählt nicht, was du hast oder kannst, sondern einzig, was und wie du denkst.

> Wir sind, was wir denken. Was immer wir sind, entsteht durch unsere Gedanken. Durch unseren Geist erschaffen wir die Welt.

Du kannst es dem Zufall überlassen, ob du glücklich wirst oder nicht. Doch wenn du das Steuer aus der Hand gibst, stehen die Chancen nicht besonders gut – das ist wie beim Autofahren. Unterschätze nicht die Macht deiner Gedanken. Dazu genügt es jedoch nicht, aufmunternde Formeln zu rezitieren oder endlos zu wiederholen: *Du brauchst Konzentration, musst deinen Geist sammeln, denn wenn du zerstreut bist, fehlt dir die Kraft, das Gute zu kultivieren.*

MANTRAS DER GELASSENHEIT

Achtsamkeit und Dankbarkeit helfen dir, das Positive in deinem Leben zu erkennen, sobald es erscheint. Doch darüber hinaus kannst du das Positive für dich und dein Leben auch »erschaffen«. Indem du deinen Geist gezielt lenkst, kannst du dem Weg folgen, der vom Stress in die Entspannung, von der Unzufriedenheit zur

Gemütsruhe führt. Erzeuge produktive Gedankenmuster und lösche Stressgedanken, indem du »Mantras der Gelassenheit« nutzt. Konzentriere dich in schwierigen Phasen auf Sätze wie: *»Das geht vorbei«, »Es ist okay, so wie es ist«, »Halb so wild« oder »Ohne mich«.*

INNERE BILDER DER FREUDE

Die andere Methode besteht darin, innere Bilder zu erzeugen, die Qualitäten wie Ruhe, Entspannung oder Freude wecken. Ebenso wie Worte wirken sich auch Bilder stark auf unsere Gefühle aus. Dies gilt auch für innere Bilder, denn unser Gehirn nimmt es da nicht so genau. Erinnere dich doch mal an deinen letzten Urlaub und dann an deinen letzten Zahnarztbesuch. Merkst du, was das mit dir macht?

MIKRO-VISUALISIERUNGEN

Eine einfache Möglichkeit, die Macht positiver Bilder zwischendurch zu nutzen, sind »Mikro-Visualisierungen«. Dabei erschaffst du für einen kurzen Moment absichtlich eine beruhigende Naturszene vor deinem inneren Auge:

- Schließe die Augen, atme einmal durch und dann stelle dir vor: einen Wald – Baumwipfel – Blätter – Moos … oder das Meer – die Wellen – den Horizont – die untergehende Sonne … oder eine Almwiese – die Berggipfel – die Wolken – die Blumen … Tauche mit deiner Fantasie intensiv in das Bild deiner Wahl ein. Behalte die Szene drei Atemzüge lang vor deinem inneren Auge. Genieße Gefühle der Ruhe, Freude und Gelassenheit, wenn sie auftauchen.

DIE **FÜNF WEGE** ZU ECHTER GELASSENHEIT

Gelassenheit ist weder Zufall noch Bestimmung. Zwar stimmt es, dass es manchen Menschen leichter fällt, die Ruhe zu bewahren, während andere schneller die Nerven verlieren, doch am Ende ist es nur die Übung, auf die es ankommt. Gelassenheit kann auf mehreren Wegen erreicht werden. Du kannst das Positive in dir am besten wecken, wenn du diese Wege kennst – und natürlich auch benutzt. Über den Weg der »Ruhe und Entspannung« lässt sich Gelassenheit besonders leicht erreichen. Doch es gibt mindestens vier andere Wege zur Gelassenheit. Sie heißen: »Offenheit«, »Freude«, »Mitgefühl« und »Klarheit«.

- Durch **Offenheit** kannst du dich selbst und andere trotz aller Schwächen akzeptieren. Sie führt dich auf neue Wege, zeigt Alternativen und hilft, alte Muster zu durchbrechen. Sie macht dich weit, groß und großzügig, wodurch es dir viel leichter fällt loszulassen.

- **Freude** ist ein wichtiger Aspekt, den wir auf unserer Suche nach innerem Frieden oft vergessen. Positive Gefühle wie Freude, Begeisterung und Heiterkeit sind nicht nur für dein Glück entscheidend, sondern auch für deine Gelassenheit.

- **Mitgefühl** oder Liebe öffnet dein Herz und verbindet dich mit der Welt, in der du lebst. Wer sich verbunden statt isoliert fühlt, hat weniger Angst, vergleicht sich weniger mit anderen, handelt nicht aus egoistischen Motiven und befreit sich von unnötigem Stress.

- **Klarheit** ist die Fähigkeit, auch mitten im Chaos noch den Überblick zu bewahren. Nur wenn du die Dinge klar siehst, zwischen Wesentlich und Unwesentlich unterscheiden und die richtigen Ziele verfolgen kannst, kannst du wirklich zu dir kommen.

POSITIVE QUALITÄTEN VERANKERN

Ruhe, Offenheit, Mitgefühl, Freude und Klarheit – diese fünf Wege führen zu Gelassenheit. Es ist nicht wichtig, auf welchem Weg du reist. Wichtig ist nur, dass du dich überhaupt auf die Reise machst. Für diese Übung kannst du einen der fünf Wege zur Gelassenheit gebrauchen. Wir zeigen den Ablauf mit dem Begriff »Freude«. Du kannst ihn aber auch durch »Ruhe«, »Offenheit«, »Mitgefühl« oder »Klarheit« ersetzen.

- Setze dich ruhig hin, schließe die Augen und atme tief durch.

- Wiederhole jetzt innerlich mehrmals langsam und entspannt den Satz: »Ich öffne mich für die Kraft der Freude.«

- Nimm dir etwas Zeit, die Worte wirken zu lassen. Visualisiere dann eine Szene aus der Vergangenheit, wo du voller Freude warst. Tauche tief in dieses Bild ein. Oder denke an einen Menschen, der viel Freude ausstrahlt und ein Vorbild für dich ist.

- Stelle dir abschließend eine Situation oder Begegnung in der Zukunft vor. Mache dir ein Bild von dem Menschen, der du sein könntest und sein willst. Stelle dir vor, wie du Freude und Heiterkeit ausstrahlst und wie sich die Situation dadurch verwandelt. Versuche, dieses Bild so detailliert wie möglich vor deinem inneren Auge zu erschaffen. Beende die Übung dann nach einigen Minuten.

DU **BIST,** WAS DU **TUST**

Was immer du tust, es hat Folgen und wird sich auf dich auswirken – auf deine Stimmungen, deine Zukunft, dein Schicksal. Um das Gute in dir zu nähren, solltest du daher nicht nur auf deine Gedanken, sondern auch auf deine Handlungen achten oder, mit anderen Worten, das Gute tun. Und wer sich von Geistesgiften wie Gier oder Hass befreit, lebt wesentlich gelassener.

Durch deine Taten gestaltest du die Zukunft. Das Karma-Konzept besagt nichts anderes, als dass jedes Tun unweigerlich Folgen hat. Anders gesagt: Du erntest, was du säst. Wenn du Menschen beleidigst, werden sie sich von dir abwenden – das ist weder »gut« noch »böse«, sondern das Gesetz von Ursache und Wirkung.

»Am Ende gilt doch nur, was wir getan und gelebt – und nicht, was wir ersehnt haben.«

Arthur Schnitzler

Natürlich weißt du selbst sehr genau, dass dein Tun jederzeit einen großen Einfluss auf dein eigenes Wohlbefinden hat. Wenn du zum Beispiel einen eher ungesunden Lebensstil pflegst, wirst du dich anders fühlen, als wenn du gut für deinen Körper sorgst. Doch so sinnvoll es ist, endlich schlechte Gewohnheiten aufzugeben – der Versuch, sein Verhalten zu verändern, führt oft zu Stress und verhindert das Eintreten von Gelassenheit. Daher ist es wichtig, dass du dich nicht unter Druck setzt, sondern deine Achtsamkeit stärkst. Wenn du achtsam hinspürst, wirst du von selbst herausfinden, was dir schadet und was dir gut tut.

DER KLEINE UNTERSCHIED

Ebenso wie du Dinge tun kannst, um fit oder schlank zu werden, kannst du auch in einer Weise handeln, die dazu beiträgt, dir Ruhe zu schenken. Frage dich: »Was kann ich jetzt tun, um mein Gleichgewicht wiederzuerlangen?« Es geht nicht um großartige Veränderungen – meist genügen Kleinigkeiten.

- Gibt es etwas, was deine Ruhe fördern würde? Vielleicht willst du eine kleine Pause machen, dich strecken, kurz spazieren gehen oder eine Yogaübung machen ...

- Fällt dir eine Möglichkeit ein, deine Freude und Heiterkeit zu wecken? Was würde dir jetzt (oder spätestens am Wochenende) Spaß machen? Vielleicht solltest du dich einmal richtig verwöhnen, jemanden treffen, der dir am Herzen liegt, oder ...

- Gibt es etwas, dass du lassen kannst, um loszulassen und gelassen zu werden? Kannst du Aufgaben delegieren, auf ein Telefonat oder Treffen verzichten, die Pralinen im Schrank lassen oder den Fernseher ausschalten und ein Bad nehmen? Nicht nur das, was wir tun, hilft uns, Stress abzubauen, sondern auch das, was wir lassen.

- Tue was du liebst. Tue, was dir guttut – was dich entspannt, dir Ruhe schenkt. Denke daran, dass auch kleine Dinge großartige Folgen haben können. Wenn du achtsam bist, wird es dir leichtfallen, das Gute zu nähren.

»Denke immer daran, dass es
nur eine wichtige Zeit gibt:
Heute. Hier. Jetzt.«

Leo Tolstoi

Kopf aus
dem Sand –
Gelassenheit
durch
Achtsamkeit

ACHTSAMKEIT – DER KLARE **SPIEGEL**

Aus einem Alptraum zu erwachen ist sehr erleichternd. Was aber, wenn dir dein Alltag manchmal wie ein böser Traum vorkommt? Wäre es dann nicht schön, wenn du auch daraus erwachen könntest?

Durch Achtsamkeit ist das möglich. Indem du achtsamer wirst, kannst du auf einer höheren Ebene erwachen, dabei wirst du mit der Zeit eine Menge Anspannungen loswerden. Dabei ist Achtsamkeit überhaupt keine Zauberei. Jeder kann ins Jetzt eintauchen. Achtsam zu sein heißt einfach, dass du wach, präsent und zugleich entspannt bist. Der »Trick« besteht darin, dich auf das Jetzt zu zentrieren – indem du aus dem Gedankenkarussell aussteigst und wirklich einmal bewusst hörst, was du gerade hörst, oder tust, was du gerade tust.

DAS LEBEN EINFACHER MACHEN

Wenn du deine Achtsamkeit entwickelst, wird dein Leben viel einfacher. Du siehst die Dinge dann so, wie sie sind. Ohne etwas hinzuzufügen. Ohne zu kommentieren, zu interpretieren oder zu verurteilen. Das ist nicht selbstverständlich, denn wenn du deinen Geist beobachtest, merkst du schnell, wie oft du etwas bewertest.

Durch Achtsamkeit kannst du emotionale Achterbahnfahrten schnell beenden. Statt in die Achterbahn einzusteigen, bleibst du ruhig am Rand stehen und beobachtest das Treiben – mit einem Lächeln auf den Lippen.

Achtsam sein heißt, dass du voll da bist – für die Schönheit der Blumen, für die Worte deines Kindes, für den Geschmack der Erdbeeren auf deinem Teller, für andere Menschen und für dich selbst.

Wenn du ein Problem hast, dir Sorgen machst, grübelst oder frustriert bist, ist dein Bewusstsein sehr eingeengt. Dann denkst, fühlst und handelst du wie ferngesteuert. Durch Achtsamkeit kannst du deinen Blick wieder weiter werden lassen und mehr Raum für dein Erleben schaffen. Und da Achtsamkeit dich mit dem Jetzt verbindet und dir hilft, »voll da zu sein«, schenkt sie dir in gewisser Weise dein Leben zurück. *Aber wie macht man das – »richtig da sein«?* Am einfachsten gelingt dies durch innere Sammlung. Wie du gleich sehen wirst, ist das sehr einfach.

WAS IST NOCH DA?

Die folgende kleine Übung erweitert deinen inneren Raum. Halte in Stressphasen kurz inne, bleibe stehen oder setze dich hin.

- Atme durch und frage dich: »Was ist im Augenblick noch da?«

- Im Alltag – und besonders beim Grübeln – entgehen uns unendlich viele Dinge. Löse dich kurz von deinen Gedanken: Was kannst du im Moment sehen? Lasse deinen Blick schweifen. Was kannst du hören? Welche Geräusche sind im Raum? Was fühlst du in deinem Körper? Ist dir warm oder kalt? Wie ist deine Haltung?

- Versuche, jeweils mindestens drei Dinge zu finden, die du in diesem Augenblick sehen, hören und fühlen kannst. Das ist alles …

WAS IMMER ES AUCH IST: LAUFE **NICHT** WEG

Was ist das Gegenteil von Gelassenheit? Vielleicht Unruhe oder Nervosität? Es gibt wohl keinen eindeutigen Begriff, was es aber durchaus gibt, das ist ein Zustand, der dem der Gelassenheit genau entgegengesetzt ist – Stress. Wenn du gelassen bist, kannst du loslassen und dich entspannen – bist du hingegen gestresst, so fühlst du dich angespannt und unruhig.

Wie du sicher weißt, gibt es viele Faktoren, die Stress auslösen können – äußere wie Zeitdruck, unfreundliche Menschen oder Lärm und innere wie Verzweiflung, Trauer, Sorgen oder Perfektionszwang. Doch grundsätzlich sind Stressprobleme immer Spannungsprobleme. Und natürlich fühlt es sich nicht gut an, angespannt zu sein. Kein Wunder also, dass du dich in Stressphasen nach Ruhe sehnst. Die Frage ist nur: *Welchen Weg schlägst du ein, um dich zu entspannen?*

> Wenn das, was du bisher getan hast, Spannungen nicht auflösen konnte, fahre nicht fort, dasselbe zu tun – sondern mache etwas anders als bisher.

Wer unter Stress leidet, läuft meist unbewusst weg. Doch leider helfen weder Zigaretten noch Alkohol, Tabletten, Schokolade oder Konsum dabei, Belastungen dauerhaft zu lösen. Das Unangenehme verschwindet nicht dadurch, dass wir vor ihm davonlaufen. Daher geht Achtsamkeit den umgekehrten Weg: Verschließe deine Augen nicht, sondern öffne sie.

In den letzten Jahren ist die Stressbewältigung durch Achtsamkeit (MBSR) zu einer beliebten Entspannungsmethode geworden, die höchst effektiv ist. Sie hilft, Stress abzubauen, Schmerzen und Depressionen zu lindern, und bringt immer wieder auftauchende Ängste zum Verschwinden. Das Ungewohnte an dieser Methode ist, dass sie dich dazu auffordert, einfach nur genau und achtsam hinzusehen – ohne etwas an der Situation selbst zu ändern, ohne etwas zu tun.

SICH IM NICHTSTUN ÜBEN

Es gibt viele Möglichkeiten, deine Achtsamkeit zu »trainieren« – und das klappt sogar inmitten der Katastrophen des Alltags: Egal, ob du im Stau steckst, Streit mit deinem Chef oder deinem Partner hattest, der Nacken schmerzt, du dich zu Tode langweilst oder völlig überfordert bist – die wichtigste Achtsamkeitsregel lautet immer: *Laufe nicht weg!* Versuche nicht gleich, irgendetwas zu machen; greife nicht zu Schokolade, Zigaretten oder zur Fernbedienung. Statt wegzulaufen, indem du dich ablenkst, solltest du im Gegenteil versuchen, einmal genau hinzusehen. Was immer dich aus dem Gleichgewicht bringt: Übe dich im »Nichttun«, indem du dich deiner Erfahrung zuwendest.

- **Atme einige Male tief durch**, entspanne deinen Körper, so gut es geht, und dann richte deine Achtsamkeit auf das Phänomen – die Schmerzen, die Unruhe oder die Verzweiflung.

- **Bleibe bei deiner Erfahrung:** Spüre, was mit deinem Körper passiert, mit deiner Haltung, deinem Atem. Und beobachte auch, welche Gedanken oder Grübelspiralen gerade aktiv sind.

Wenn du achtsam bist, geht es nicht mehr um Probleme, sondern nur noch um Erfahrungen. Egal, ob sie angenehm oder und unangenehm sind – es sind nur Phänomene, die zu Besuch kommen. Wenn du sie achtsam wahrnimmst, werden sie schnell wieder verschwinden.

ALLES, WAS DU BRAUCHST, IST SCHON **HIER UND JETZT**

Nur noch schnell die Kinder von der Schule holen. Und vorher noch einkaufen. Und dann Mittagessen kochen. Und dann, später, mit Lilli die Englischvokabeln checken. Und dann fahre ich mit dem Rad rasch in die Bibliothek und gebe die Bücher ab. Und dann muss ich endlich Sabine anrufen.

Und dann, irgendwann … tja: was dann?

Wir rennen und wissen nicht, wohin. Und überall, wo wir hinlaufen, suchen wir das Glück. Und sei es nur das Glück, Lästiges hinter uns zu bringen.

So verpassen wir von Tag zu Tag unsere Verabredung mit dem Leben – wir verpassen den einzigen Ort, an dem wir glücklich sein können: diesen Ort hier. Wir verpassen den einzigen Zeitpunkt, wo wir in uns zur Ruhe kommen können: diesen Augenblick jetzt. *Wie gut, dass es auch anders geht …*

ACHTSAM IM AUGENBLICK SEIN

Fünf Minuten! Du brauchst tatsächlich nicht mehr als fünf Minuten, um in diesem Augenblick anzukommen und achtsam bei dir zu sein. Wenn es dann doch zehn Minuten werden, weil dir das so guttut, macht das ja nichts …

● Setze dich draußen auf eine Parkbank. Oder in deinem Zimmer auf einen Stuhl. Oder im Schneidersitz auf den Boden. Du kannst an jedem Ort dieser Welt im Jetzt ankommen.

- Halte deinen Rücken aufrecht, schließe sanft die Augen und entspanne alle deine Glliedmaßen. Mache es dir in deinem Körper so bequem wie nur möglich.

- Spüre deinen Atem. Mache dir die Tatsache bewusst, dass du jetzt atmest. Nichts anderes. Verändere den Atem nicht, lasse ihn einfach nur kommen und gehen.

- Was sind für Gedanken in deinem Kopf? Pläne, Erinnerungen, Gespräche, Bilder? Schau mal kurz nach …

- Was sind für Gefühle in deinem Herzen? Sorgen, Ärger, Unruhe, Freude? Schau mal kurz hin …

- Hörst du Geräusche – hier draußen in der Natur, im Raum oder von außerhalb? Höre einfach nur zu.

- Spüre noch einmal in deinen Körper hinein. Sind deine Muskeln entspannt oder ganz fest? Sind deine Hände warm oder kalt? Gibt es irgendwo Empfindungen wie Schmerzen oder ein Kribbeln zu spüren? Ändere nichts – beobachte nur.

- Lenke deine Achtsamkeit noch einmal auf deinen Atem. Er kommt und geht – ganz von alleine.

ACHTSAM DURCH DEN **TAG**

Achtsamkeit führt zu Klarheit und Ruhe. Klarheit und Ruhe führen zu Gelassenheit und Leichtigkeit. Wie gut es sich anfühlt, achtsam zu sein und wieder »zu sich zu kommen«, kannst du schnell erfahren – dazu musst du nicht zwanzig Jahre lang jeden Tag meditieren.

Da es recht leicht ist, achtsam zu sein, fragt sich natürlich, warum wir es eigentlich nicht viel öfter sind. Die Antwort lautet, dass wir Gewohnheitstiere sind: Wir lassen uns von Mustern leiten, handeln selten voll bewusst und verbringen einen Großteil unseres Lebens im Autopilotmodus. Und manchmal ist das ja auch sehr sinnvoll – so musst du zum Beispiel nicht erst nachdenken, ob du an der roten Ampel bremsen musst, wie du eine Hose anziehen sollst oder wie das mit dem Zähneputzen eigentlich geht. Wenn es jedoch um deine Lebendigkeit geht, solltest du die Fernsteuerung öfter einmal ausschalten.

ACHTSAMKEITSÜBUNGEN FÜR IMMER

Wie deine Muskeln kannst du auch deine Achtsamkeit trainieren. Die Techniken helfen dir, das Hamsterrad anzuhalten und zu Atem zu kommen.

- **Lauschen:** Was hörst du gerade? Halte kurz inne, schließe kurz die Augen und öffne deine Ohren für alle Geräusche. Lausche den Klängen, die von draußen, im Zimmer, im Haus oder auf der Straße zu hören sind. Denke nicht darüber nach, woher die Geräusche stammen – tauche vielmehr tief ein: in die Musik aus der Nachbarwohnung, das Rauschen des Verkehrs, das ferne Bellen eines Hundes, das Geräusch deines eigenen Atems …

- **Der Himmel über dir**: Oft verbringen wir den ganzen Tag, ohne auch nur einmal in den Himmel zu schauen. So verlieren wir leicht den Kontakt zur Natur und wissen oft nicht einmal genau, wie das Wetter gerade ist. Nimm dir mehrmals am Tag eine Minute Zeit, um in den Himmel zu schauen. Welche Farbe hat er? Gibt es Wolken, scheint die Sonne? Siehst du vielleicht Vögel oder Flugzeuge?

- **Autofahren**: Tägliche Tätigkeiten wie Abspülen, Zähneputzen oder Sichanziehen eignen sich gut, um Achtsamkeit zu üben. Und das gilt auch fürs Autofahren: Achte auf das, was außen, auf der Straße, vorgeht. Aber achte auch auf deine Körperhaltung, spüre deinen Rücken am Sitz und das Lenkrad in deiner Hand. Achte auf deinen Atem. Bringe die Aufmerksamkeit auf die Fahrgeräusche und spüre die Vibration des Motors. Und beobachte auch, wann und wohin deine Gedanken abschweifen und du nicht mehr »dabei bist«.

- **Achtsam essen**: Statt in Eile, im Gehen oder nebenbei zu essen, kannst du deine Achtsamkeit wenigstens einmal täglich auf dein Essen richten. Setze dich hin und nimm die Speisen mit allen Sinnen wahr. Nimm dir Zeit, dein Essen zu schmecken. Tue nichts anderes – während du isst, isst du einfach nur, das reicht. Beobachte, wie Genießen automatisch zu mehr Ruhe und Entspannung führt.

VOM **EINFACHEN** UMGANG MIT SCHWIERIGEN GEFÜHLEN

Wie merkst du, wenn es dir an Gelassenheit fehlt? Woher weißt du, dass du außer dir bist? Ganz einfach: Du fühlst das!

Unruhe, Ärger, Wut, Angst – das sind Gefühle. Und wenn du negative Gefühle nicht als »unerwünscht«, sondern als Botschafter aus deinem Inneren ansiehst, kannst du viel über dich erfahren und was es ist, das dich aus der Ruhe bringt. Es ist nicht schwer, achtsam mit den Gefühlen umzugehen. Emotionen sind weder »richtig« noch »falsch« – es sind einfach Gefühle. Daher solltest du sie weder verdrängen noch dich von ihnen mitreißen und verwirren lassen. Gefühle sind wertvolle Gäste – sie sind Boten, die dir zeigen, ob etwas »nicht stimmt« – sei es mit der Situation, den Menschen, die dich umgeben, oder deinem Verhalten.

> Anstatt Gefühle zu verdrängen, abzulehnen oder unter ihnen zu leiden, kannst du sie auch einfach nur wahrnehmen, willkommen heißen und loslassen.

»Du kannst die Wellen nicht anhalten, doch du kannst lernen, auf ihnen zu surfen« – so lautet ein bekannter Satz des Meditationslehrers Joseph Goldstein. Mit den Gefühlen ist es ähnlich: Du kannst deine Gefühle nicht anhalten, aber du kannst lernen, sie ungehindert durch dich hindurchfließen zu lassen.

ALLE GEFÜHLE SIND OKAY

Wenn du deine Gefühlswelt achtsam erforschen möchtest, kannst du dabei mit drei einfachen Schritten arbeiten:

- Frage dich, wie es dir in diesem Moment geht. Wie ist deine Stimmung – wie fühlst du dich gerade? Da Gefühle oft nur vage sind, hilft es, deine Stimmung zunächst in drei Grundkategorien einzuteilen: »angenehm«, »unangenehm« oder »neutral«. Ist die Erfahrung, die du gerade machst, eher angenehm, unangenehm oder weder-noch? Mit dieser Frage hast du dein Gefühl eingekreist.

- Vielleicht ist es dir möglich, dein Gefühl genauer zu benennen. Dazu kannst du dich fragen: »Welches Gefühl hindert mich im Augenblick daran, die Ruhe zu bewahren?« Ist es Ärger oder Wut? Oder eher Verwirrung, Niedergeschlagenheit, Angst, Scham oder Schuldgefühle? Auch Nervosität, Hilflosigkeit oder Unruhe sind Gefühle – und es gibt natürlich noch sehr viele andere ...

- Wenn du ein Gefühl identifiziert hast, dann denke nicht »Ich *bin* wütend / traurig / nervös ...«, sondern: »Wut / Trauer / Nervosität ist da.« Empfange das Gefühl wie einen Gast und nimm es mitfühlend an. Wenn das Gefühl wieder verschwindet, dann nimm auch das achtsam zur Kenntnis. Wenn du mitfühlend anerkennst, was da ist, kannst du in jedem Augenblick gelassen bleiben.

DIE **INSPIRATIONSKARTEN**

Manchmal ist es schön, wenn man eine kleine Anregung bekommt, die einem Kraft gibt, Entscheidungen erleichtert und an das Üben der Achtsamkeit erinnert. Und damit du so etwas in der Hand halten kannst, haben wir die Inspirationskarten entworfen, die du in der Tasche am Ende dieses Buches findest.

Es sind 18 Karten. Auf jeder davon findest du einen kleinen Hinweis, der dich zu innerem Frieden führt.

Du findest dort Einsichten, die dich zu dir selbst führen, Meditationen, die dich zur Ruhe bringen, Übungen, die deine Gelassenheit fördern, Mikro-Visualisierungen, die dir Frieden bringen oder Anleitungen, wie du Gelassenheit in diesem Moment umsetzen kannst.

Du hast zwei Möglichkeiten, die Karten zu verwenden:

- Als Inspiration **für den Tag**

- Als Inspirationskarte **bei Problemen**

DEINE TÄGLICHE INSPIRATION

Wenn du möchtest, kannst du deinen Tag mit einem kleinen Ritual bereichern, das dir hilft, auf deinem Weg zur Gelassenheit zu bleiben. »Ritual« heißt, dass es zu etwas wird, das dir ganz vertraut ist und immer gleich abläuft, so dass du gar nicht weiter darüber nachzudenken brauchst. Damit das tägliche Ziehen deiner Inspirationskarte wirklich ein Ritual wird, sind ein paar »Regeln« sinnvoll:

- Ziehe deine Inspirationskarte **immer zur selben Zeit.**

- Ziehe deine Karte **immer auf die gleiche Art.** Beispielsweise mischst du die Karten, hebst ab und ziehst die unterste Karte als Inspirationskarte.

- Nimm dir **immer eine bestimmte Zeit,** um das, was auf der Karte steht, auf dich wirken zu lassen. Drei Minuten, fünf Minuten oder eine Viertelstunde. Wie lang du willst.

- **Schließe das Ritual immer gleich ab.** Beispielsweise, indem du den Inhalt der Karte noch einmal laut liest und dann die Karten zusammenlegst und an ihren festen Ort bringst.

DEINE INSPIRATIONSKARTE BEI PROBLEMEN

Immer wieder tauchen große oder kleine Probleme im Leben auf. Die Inspirationskarten können dir bei Entscheidungen oder Fragen an dein Leben helfen.

- Nimm die Karten in die Hand und **formuliere eine Frage,** die das Ziehen deiner Inspirationskarte beantworten soll.

- Ziehe eine Karte und **lies dir die »Antwort« durch.** Nimm dir mindestens drei Minuten Zeit, um die Antwort zu verstehen.

- **Danach bedanke dich** (bei deinem Unterbewusstsein, beim Universum, bei Gott) für die Inspiration und setze sie auch um...

»Friede beginnt damit, dass jeder von uns sich jeden Tag um seinen Körper und seinen Geist kümmert.«

Thich Nhat Hanh

BÜCHER, DIE WEITERHELFEN

Weitere Bücher der Autoren

- *Die 7 Geheimnisse der Schildkröte. Den Alltag entschleunigen, das Leben entdecken.* Heyne, München 2010
- *Meditation – Techniken für innere Ruhe und Entspannung (mit CD).* BLV, München 2014
- *Der Seelenschlüssel zum Wunschgewicht.* Goldmann, München 2013
- *Karma – Die Gebrauchsanleitung.* Heyne, München 2011
- *Suki meditiert.* BoD, Norderstedt 2010
- *Nicht anstrengen - leben! Das Dao des Alltags.* Heyne, München 2009
- *Bao, der weise Panda und das Geheimnis der Gelassenheit.* Lotos, München 2015
- *Endlich frei von Angst.* Nikol, Hamburg 2015
- *Loslassen. Mein Übungsbuch für mehr Unabhängigkeit & Lebensfreude.* Gräfe und Unzer Verlag, München 2016
- *Füttere den weißen Wolf.* Kösel, München 2016

Bücher aus dem Gräfe und Unzer Verlag

- Betz, Robert: *Werde, der du sein willst*
- Engelbrecht, Sigrid: *Schalt die Welt auf Pause*
- Eßwein, Jan: *Achtsamkeitstraining* (mit CD)
- Hainbuch, Friedrich: *Progressive Muskelentspannung* (mit CD)
- Hoffmann, Ulrich: *Mini-Meditationen*
- Iding, Doris: *Der kleine Achtsamkeitscoach*
- Mannschatz, Marie: *Meditation* (mit CD)
- Dies.: *Mit Buddha zu innerer Balance* (mit CD)
- Schneider, Maren: *Der kleine Alltagsbuddhist*

ADRESSEN & LINKS, DIE WEITERHELFEN

Websites der Autoren:

www.long-schweppe.de

www.personaleintegration.de

Adressen in Deutschland:

Arbor Seminare gGmbH

Alice-Salomon-Str. 4

D-79111 Freiburg

www.arbor-seminare.de

Benediktushof

Zentrum für spirituelle Wege

Klosterstr. 10

D-97292 Holzkirchen

www.benediktushof-holzkirchen.de

MBSR / MBCT-Verband

Muthesiusstr. 6

D-12163 Berlin

www.mbsr-verband.org

Europäisches Zentrum für

Achtsamkeit (Ezfa)

Merzhauserstr. 173

D 79100 Freiburg

www.ezfa.eu

Seminarhaus Engl

Engl 1

D-84339 Unterdietfurt

seminarhaus-engl.de

Adressen in der Schweiz:

MBSR-Verband Schweiz

Fluhmattweg 4

CH-6004 Luzern

www.mbsr-verband.ch

Meditationszentrum Beatenberg

Im Moos 820a

CH-3803 Beatenberg

www.karuna.ch

Adressen in Österreich:

MBSR-Verband Austria

Sturzgasse 40 / 2

A-1150 Wien

www.mbsr-mbct.at

Zentrum Mondsee

Schlosshof 5

A-5130 Mondsee

www.zentrum-mondsee.at

REGISTER

DIE AUTOREN

Aljoscha Long, Diplom-Psychologe, war zunächst als Therapeut, Komponist und Kampfkunstlehrer tätig, bevor er begann, Bücher zu schreiben. Er hat Ausbildungen in Hypnose, Taijiquan und NLP. Gemeinsam mit Ronald Schweppe entwickelte er die Methode Personale Integration. Aljoscha Long lebt mit seiner Frau in München und Guangzhou (China).

Ronald Schweppe ist Autor zahlreicher Bücher im Bereich Spiritualität und Psychologie. Er ist Meditationslehrer und hat Ausbildungen in NLP und MBSR. In seinen Büchern vermittelt er zudem eine umfassende Kenntnis aus fernöstlichen Übungswegen. Ronald Schweppe lebt mit seiner Familie in München.

ÜBUNGSREGISTER

Mehr Energie, mehr Wohlbefinden!

ISBN 978-3-8338-3814-9

ISBN 978-3-8338-4574-1

ISBN 978-3-8338-5100-1

ISBN 978-3-8338-3983-2

ISBN 978-3-8338-5232-9

 Auch als eBook erhältlich.

Mehr von GU auf **www.gu.de** und
facebook.com/gu.verlag

IMPRESSUM

© 2015 GRÄFE UND UNZER-VERLAG GmbH, München. Alle Rechte vorbehalten. Nachdruck, auch auszugsweise, sowie Verbreitung durch Bild, Funk, Fernsehen und Internet, durch fotomechanische Wiedergabe, Tonträger und Datenverarbeitungssysteme jeder Art nur mit schriftlicher Genehmigung des Verlages.

Projektleitung: Claudia Böhm
Lektorat: Anna Cavelius
Layout & Umschlaggestaltung: independent Medien-Design GmbH, Horst Moser, München
Herstellung: Martina Koralewska
Satz: L42 Media Solutions, Berlin
Reproduktion: Repro Ludwig, Zell am See
Druck und Bindung: Graspo CZ, Zlín
ISBN 978-3-8338-4622-9
2. Auflage 2016
Die GU-Homepage finden Sie unter www.gu.de

Wichtiger Hinweis

Die Gedanken, Methoden und Anregungen in diesem Buch stellen die Meinung bzw. Erfahrung der Verfasser dar. Sie wurden von den Autoren nach bestem Wissen erstellt und mit größtmöglicher Sorgfalt geprüft. Sie bieten jedoch keinen Ersatz für persönlichen kompetenten medizinischen Rat. Jede Leserin, jeder Leser ist für das eigene Tun und Lassen auch weiterhin selbst verantwortlich. Weder Autoren noch Verlag können für eventuelle Nachteile oder Schäden, die aus den im Buch gegebenen praktischen Hinweisen resultieren, eine Haftung übernehmen.

Umwelthinweis

Dieses Buch wurde auf PEFC-zertifiziertem Papier aus nachhaltiger Waldwirtschaft gedruckt.

Bildnachweis

Cover: Amir Belhoula; Getty: S. 6–7, 16–17, 28–29, 40–41, 52–53, 64–65, 76–77, 88–89, 100–101, 112–113, 124–125; Shutterstock: S. 13–14
Syndication: www.seasons.agency

Liebe Leserin, lieber Leser,

haben wir Ihre Erwartungen erfüllt? Sind Sie mit diesem Buch zufrieden? Haben Sie weitere Fragen zu diesem Thema? Wir freuen uns auf Ihre Rückmeldung, auf Lob, Kritik und Anregungen, damit wir für Sie immer besser werden können.

GRÄFE UND UNZER Verlag
Leserservice
Postfach 86 03 13
81630 München
E-Mail:
leserservice@graefe-und-unzer.de

Telefon: 00800 / 72 37 33 33*
Telefax: 00800 / 50 12 05 44*
Mo–Do: 9.00 – 17.00 Uhr
Fr: 9.00 – 16.00 Uhr
(* gebührenfrei in D, A, CH)

Ihr GRÄFE UND UNZER Verlag
Der erste Ratgeberverlag – seit 1722.

Ein Unternehmen der
GANSKE VERLAGSGRUPPE

www.facebook.com/gu.verlag

Auch das *geht vorbei*

Was immer dich auch belastet, es hat einen Anfang, es bleibt für eine Zeit und dann – vergeht es wieder.

Beobachte diese drei Stadien: Spüre genau hin, wie dein Körper, deine Gefühle und Gedanken auf das Kommen und Gehen der Bedrohung reagieren.

Atmend zur *Ruhe* kommen

Setze dich hin und lasse los.

Spüre die Atembewegung in deinem Bauch. Lasse den Atem kommen und gehen.

Beim Einatmen spüre, dass du einatmest.

Beim Ausatmen spüre, dass du ausatmest.

Das *Herz* zum *Erblühen* bringen

Setze dich hin und atme frei.
Einatmen: »Möge ich …« –
Ausatmen: »… glücklich und gelassen sein.«

Einatmen: »Mögest du …« –
Ausatmen: »… glücklich und gelassen sein.«

Einatmen: »Mögen alle Wesen …" –
Ausatmen: » …glücklich und gelassen sein.«

Die *Blume* der Dankbarkeit

Dankbarkeit schenkt Freude, Heiterkeit und Gelassenheit.

Denke abends vor dem Einschlafen an fünf Dinge, für die du heute dankbar warst.

Entwickle Dankbarkeit in jedem Moment: Sogar jetzt gibt es Dinge, für die du dankbar sein darfst.

Achtsam sein

Halte kurz inne, bringe die Gedanken zur Ruhe und atme tief durch. Was kannst du im Moment sehen? Was kannst du hören? Was fühlst du in deinem Körper?

Finde mindestens je drei Dinge, die du gerade sehen, hören und spüren kannst.

Kleine Dinge

Tue kleine Dinge, die dir helfen, dein Gleichgewicht wiederzuerlangen.

Was würde deine Ruhe jetzt fördern? Was würde jetzt deine Freude wecken und dir guttun? Womit könntest du dich verwöhnen? Was solltest du jetzt loslassen. um gelassener zu werden?

Alles ist schon
hier und *jetzt*

Du musst nichts tun,

Du musst nichts erzwingen,
alles ist schon da und geschieht
von selbst – Hier und Jetzt.

Wage den Sprung.

Auf dein *Herz* hören

Deine Zeit ist begrenzt.

Bleibe freundlich, aber gehe, wohin
dein Herz dich führt.

Akzeptiere es *einfach*

Was geschehen ist, ist geschehen.

Nimm es an, denn so verliert es
seinen größten Schrecken.

Was du akzeptierst, gibt dir die Kraft
zur Veränderung,

Vergeude deine Kraft nicht mit Widerständen.

Nicht urteilen, *verstehen*

Du musst nicht alles bewerten.

Du gewinnst an Gelassenheit und Stärke,
wenn du selbst entscheidest, ob du reagierst.

Dinge und Menschen nicht sofort zu
beurteilen gibt dir die Freiheit, zu verstehen.

Das *Wunder* ist überall

Wieder staunen lernen, nichts für
selbstverständlich halten, offen bleiben
und erkennen, dass alles mit allem
verbunden ist.

Das Staunen über das Wunder
der Welt lässt keinen Platz für Unruhe.

Werde dein *bester* Freund

Gehe freundlich mit dir selbst um.

Wenn du einmal traurig, wütend oder bedrückt
bist, dann höre dir zu wie ein Freund.

Wenn Probleme da sind, dann
akzeptiere das – »Ich bin gerade sehr
enttäuscht.« So ist das eben.

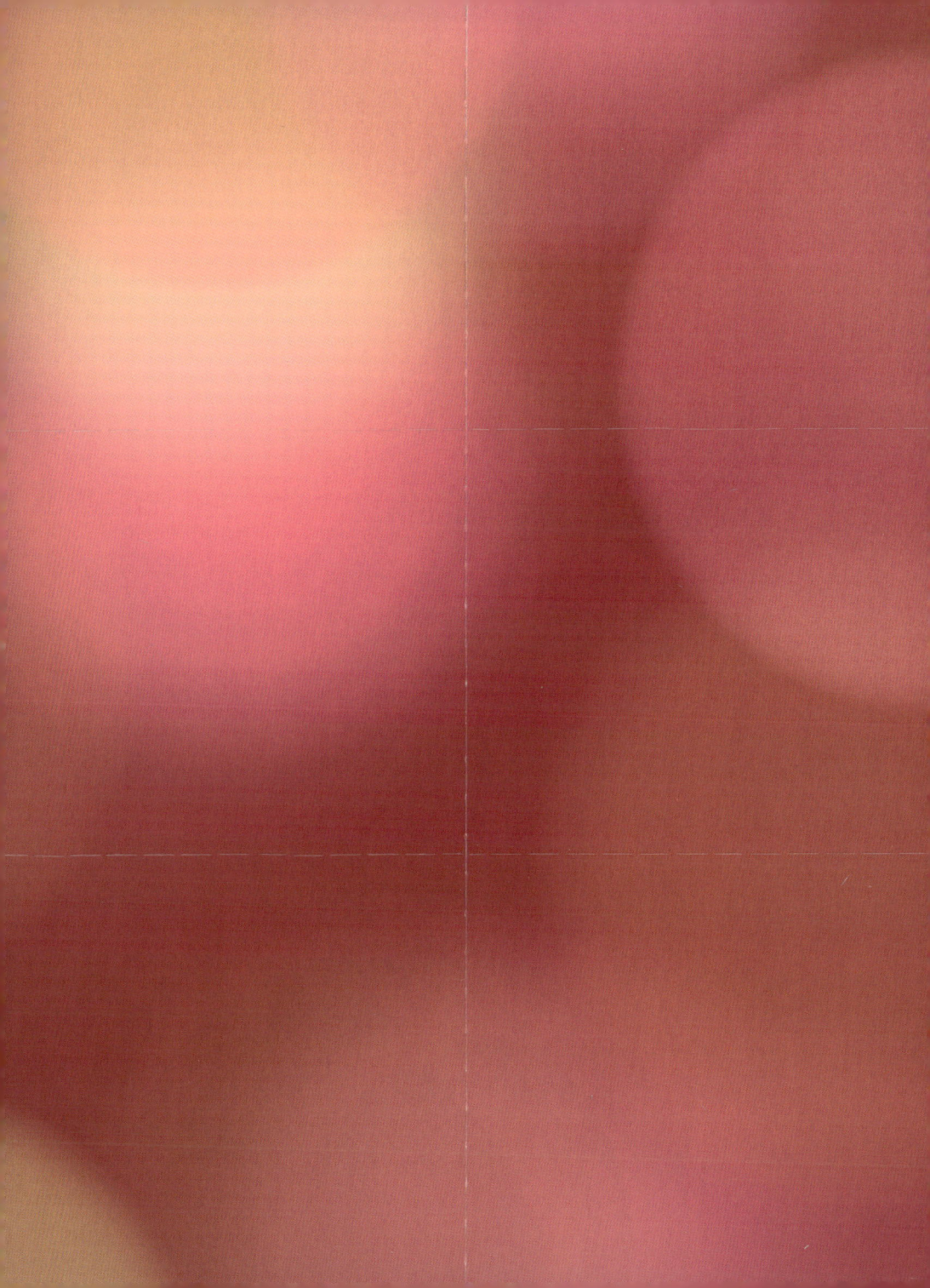

Lasse es geschehen

Atme ein, atme aus – und nur das.
Es atmet dich.

Atme Gelassenheit ein, atme Aufregung aus.
Richte deinen Geist auf die Atembewegung.

Was immer passiert – lasse es zu.

Einfach nichts tun

Ruhe dich in deinem Körper aus
und tue nichts. Genieße das Nichtstun.

Sitze oder liege und verweile friedlich
im Körper. Entspanne die Muskeln und
spüre die Schwere des Körpers.

Einfach nur sein – nichts tun.

Frei von Erwartungen sein

Erwarte nichts, fürchte nichts, erhoffe nichts,
denn Erwartungen übertreiben immer.

Setze dich hin und versuche, ohne Erwartungen
an das zu denken, was kommt. Sieh einfach nur
zu – entspannt und gelassen. Das Gute und das
nicht so Gute kommen von selbst.

Die Kraft des Lächelns

Lächle die Welt an, und die Welt
lächelt zurück.

Lächle den Himmel, die Bäume, die
Menschen an und du wirst Heiterkeit
und Gelassenheit finden.

In die Tiefe schauen

Gelassenheit entsteht ganz von selbst,
du musst nichts »tun«.

Es gibt kein Geheimnis: Sobald du
deine Augen für die Wirklichkeit öffnest,
liegt alles klar vor dir.

Fünf Fragen für schwierige Zeiten

1. Was genau ist im Augenblick so belastend?

2. Was kann im schlimmsten Fall passieren?

3. Ist das wahrscheinlich?

4. Was kann ich jetzt tun/ändern?

5. Welche Bedeutung hat das
in einem Jahr?